I RITRATTI DI MIRIAM

SHORT STORIES IN ITALIAN

For Beginners to Intermediate Learners

Improve your Comprehension & Reading Skills, Grow your Vocabulary and Learn Italian with Ease

Rebecca Romano

LANGUAGE MYTHS

REBECCA ROMANO

Table of Contents

Why read short stories?

I'm so excited you're reading this—it means you're ready to improve your Italian in a fun and rewarding way: through stories!

During my many years of teaching Italian as a second language, I struggled to find good reading material for my students. More often than not, I would find stories with very complicated structures and vocabulary, not suitable for beginner level, or tedious tales with a very unexciting plot, which was not motivating and engaging for my students.

After many years of teaching Italian, I struggled to find the right reading material for my students. Most books were either too advanced in grammar and vocabulary or lacked engaging plots. Learning a new language shouldn't feel discouraging or boring—it should feel **fun and rewarding**.

That's why I started writing **short stories in simple Italian** crafted to match your language level while keeping you emotionally involved in the plot.

Short stories are a powerful tool: they give you exposure to **real-life vocabulary** and **cultural context**, while being short enough to read in one sitting—**perfect for busy lives**. Unlike news articles, they contain **authentic dialogue**, helping you absorb everyday idioms and natural expressions.

They also let you learn language in context, picking up full phrases or "chunks" instead of isolated words—**just like native speakers** do.

So grab a coffee, settle in, and enjoy the journey. I hope this book brings you both progress and pleasure in your Italian learning adventure!

Why this book?

This book is a collection of short stories specially **tailored for Italian language learners from beginner to intermediate level**.

It's designed to be both **entertaining and accessible**, so you can enjoy reading while still being challenged enough to progress. The stories are crafted to support your learning in a natural, engaging way.

Amongst other benefits, reading this book includes:

- **modern stories** with aspects of day-to-day life, so you can experience **authentic dialogues and situations** and learn in a natural way.

- **common words**, including the **1000 most common Italian words**, making it easier to understand and quicker to expand your vocabulary for everyday use.

- **simple grammar structures**, avoiding complex tenses like *passato remoto*, *trapassato remoto*, and the *congiuntivo*. The grammar used is based on levels **A1–B1** of the CEFR, making it ideal for learners not ready for advanced grammar.

- **connected stories**, which follow the same characters through a sequence of stories. This helps you retain what you learn, as you're already familiar with the people and places described in each new chapter.

- **progressive difficulty**: The first chapters are simpler, and gradually become more complex. This helps you build confidence while naturally expanding your skills.

- **short, manageable episodes** as each chapter includes **three bite-sized episodes**, making it easier to finish a section, feel accomplished, and stay motivated.

- **special learning aids**, which includes vocabulary lists, summaries in English and Italian, and comprehension questions to reinforce what you've learned.

Whether you've just started learning Italian or are looking for a fresh way to improve, this book offers a **fun and effective** path forward.

My goal is to help as many students as possible build confidence and fall in love with the Italian language. With engaging stories, useful vocabulary, and step-by-step progression, I hope this book becomes a helpful companion on your language journey.

Enjoy your reading—and your learning!

How to read this book

When approaching new reading material, I encourage my students to follow the following process which helps them understand the story and retain the most useful information, including vocabulary.

First, **read the story at your own pace** without looking up any word in the vocabulary. You don't need to understand word by word. You just need to expose yourself to the story and identify the main characters, where the story takes place and the main gist of it. All the details are superfluous at this stage.

Then, **read the story again and look up at the words included in each story's vocabulary**. Don't feel the urge to look up any more words yet. Try to understand the meaning of unknown words by the context and similarities to your own language. For example, what does "ho esagerato" means? "Esagerato" is very similar to *exaggerate*. Could this be the actual translation? Most of the times, your first intuition is the right one.

Write down these words in your notebook and move on to the next step. Together with this book, you can buy a special notebook which I have created to help you retain more vocabulary.

Finally, **read the story once more**, and this time you can **look up at as many words as you like** (and even try to traslate the story in your own language if you are up for a challenge!). However, while it's normal our brain is begging us to understand every single word, this is sometimes not always possible as other elements come into play: grammar, hidden cultural values, and so on.

Remember the main objective of any language: to communicate meaning. As long as you achieve an understanding of the message each story wants to deliver, you have a reason to celebrate! You are developing important skills which will help you navigate the language and use it actively in dialogues, writing, reading more books, with confidence in natural contests when the understanding of each single word is not essential.

Happy reading!

BONUS STORY

GET YOUR EXTRA BONUS STORY!

As a special thank you for being such an amazing reader, I want to give you a **special gift**.

When you sign up to my mailing list at subscribepage.io/isegretidimiriam, you will receive a free **bonus story** from my book *'I segreti di Miriam'*.

A dinner in the dark is all it takes for Miriam to fall in love and begin a mysterious and intriguing journey into her life.

About the author

Rebecca Romano developed a passion for languages at a young age and she now speaks five languages, giving her insight into the challenges of learning—and how to overcome them.

After earning a degree in Foreign Languages, she worked in Belgium, Switzerland, France, and Italy. These experiences strengthened her belief in the power of languages to make travel, work, and life abroad easier and more enjoyable.

Through years of teaching, she noticed that her most successful students are those who immerse themselves in Italian culture—reading books, listening to radio or audiobooks, and watching Italian films.

This inspired her to begin writing stories tailored to Italian learners, blending her teaching knowledge with her personal experience and offering a fun and natural way for students to learn authentic language and cultural elements.

Now based in New Zealand, Rebecca teaches Italian and writes short story books for learners of Italian and Spanish.

You can follow and connect with Rebecca on Instagram at @languagemyths_italian

L'invito in Sicilia - The invite to Sicily

CAPITOLO 1

Parte 1.1

L'album di fotografie - The photo album

"È arrivata la posta!" **grida**[1] Margherita **mentre**[2] il **postino**[3] **le consegna**[4] una **busta**[5].

"C'è una lettera da Domenico Bortot. **Ma chi è**[6]?" Margherita dice, consegnando la busta a sua mamma, Miriam.

Nonostante[7] Margherita **abbia**[8] 13 (tredici) anni, è **ancora**[9] una ragazzina **acqua e sapone**[10]. **Assomiglia**[11] moltissimo alla mamma Miriam con i capelli biondi **ondulati**[12] e gli occhi verdi.

"**Non ti ricordi**[13] zio Domenico dalla Sicilia, **detto**[14] anche zio Mimmo?" **chiede**[15] Miriam alla figlia. "**È venuto a trovarci**[16] qui a Firenze due anni **fa**[17]. È lo zio di papà."

Margherita **fa no con la testa**[18].

"Ma sì, Margherita, quel signore **pelato**[19] con i **baffi**[20] lunghi e con un accento siciliano." interviene Alessandro, il primo figlio di Miriam, ormai **diciottenne**[21]. Poi **aggiunge**[22] con accento siciliano, **prendendo in giro**[23] zio Mimmo: "**Chi è beddu è beddu**[24]."

"Non mi ricordo." dice Margherita con **aria assente**[25] mentre ritorna a **giocare**[26] con il suo puzzle.

Miriam **allora**[27] **prende**[28] l'album di fotografie di famiglia nella libreria in **salotto**[29] e si siede sul divano. "Vieni Margherita! **Ecco**[30] le foto di famiglia."

"Papà, vieni anche tu." grida Margherita dal salotto per chiamare il papà Marco che è in giardino.

"Arrivo!" risponde Marco. Si alza dallo **sdraio**[31], prende il suo **bastone da non vedente**[32] e cammina verso il salotto.

Miriam apre l'album ed indica un uomo **basso e rotondo**[33] con i baffi lunghi e senza capelli. "Questo è zio Mimmo e questa donna vicino allo zio è zia Carmela. Qui sono in Sicilia davanti al loro **castello**[34] **fuori**[35] Palermo."

"Ah sì, mi ricordo zia Carmela. **Mi ha raccontato**[36] che ha un grande **vigneto**[37] e una grande **stalla**[38] dove **tiene**[39] due **cavalli**[40]." dice **infine**[41] Margherita, **riconoscendo**[42] gli zii nella foto. Margherita ama i cavalli.

Marco si siede vicino a Miriam ed apre la busta di zio Mimmo. La lettera contiene un invito con **traduzione**[43] in braille.

Marco **tocca**[44] i caratteri braille e **legge**[45]:

"Siete invitati alla mia **festa di compleanno**[46] per i miei 80 (ottanta) anni al castello di Caccamo. La festa sarà **in maschera**[47] il giorno 30 (trenta) giugno alle 18 (diciotto).
Con affetto[48], Zio Mimmo"

La lettera contiene anche 4 (quattro) **biglietti del treno**[49] da Firenze a Palermo.

Miriam tocca la mano di Marco: "Beh, non siamo mai andati in Sicilia. Dopo la festa di compleanno possiamo **noleggiare**[50] una macchina e **girare**[51] un po' l'isola. Cosa **ne pensi**[52], Marco?"

"Che bello! **Dai**[53] papà, prometto che **faremo i bravi**[54]." dice Alessandro con un **sorrisone**[55]. "Ci racconti come gli zii si sono conosciuti?"

Riassunto della storia

La famiglia di Miriam e Marco riceve una lettera da zio Mimmo, che li invita con Margherita e Alessandro alla sua festa di compleanno per i suoi 80 (ottanta) anni nel castello di Caccamo, in Sicilia. Guardando le foto di famiglia, Margherita ricorda gli zii. La lettera contiene anche 4 (quattro) biglietti del treno per Palermo.

Summary of the story

Miriam and Marco's family receives a letter from Uncle Mimmo, inviting them, along with Margherita and Alessandro, to his 80th birthday party at Caccamo's Castle in Sicily. Looking at family photos, Margherita remembers her uncle and aunt. The letter also includes four train tickets to Palermo.

Vocabolario

1	**grida**	(she) shouts
2	**mentre**	while
3	**postino**	postman
4	**le consegna**	(he) delivers to her
5	**busta**	envelope
6	**ma chi è**	who is (he)
7	**nonostante**	despite

8   **abbia**   (she) is

9   **ancora**   still

10   **acqua e sapone**   (a girl) next door, pure and simple

11   **assomiglia**   (she) looks like

12   **ondulati**   wavy

13   **non ti ricordi**   do you not remember

14   **detto**   called

15   **chiede**   (she) asks

16   **è venuto a trovarci**   (he) came to visit us

17   **fa**   ago

18   **fa no con la testa**   (she) shakes her head

19   **pelato**   bald

20   **baffi**   moustache

21   **diciottenne**   eighteen year old

22   **aggiunge**   (he) adds

23   **prendendo in giro**   making fun of

24   **chi è beddu è beddu**   who is beautiful, is always beautiful (Sicilian saying)

25   **aria assente**   absent-minded

26   **giocare**   to play

27   **allora**   then

28   **prende**   (she) takes

29   **salotto**   lounge

30   **ecco**   here

31   **sdraio**   deckchair

32   **bastone da non vedente**   white cane (for blind

people)

33	**basso e rotondo**	short and chubby
34	**castello**	castle
35	**fuori**	outside
36	**mi ha raccontato**	(she) told me
37	**vigneto**	vineyard
38	**stalla**	stable
39	**tiene**	(she) keeps
40	**cavalli**	horses
41	**infine**	finally
42	**riconoscendo**	recognising
43	**traduzione**	translation
44	**tocca**	(he) touches
45	**legge**	(he) reads
46	**festa di compleanno**	birthday party
47	**in maschera**	fancy-dress
48	**con affetto**	with love
49	**biglietti del treno**	train tickets
50	**noleggiare**	(we can) rent
51	**girare**	visit
52	**ne pensi**	do you think about it
53	**dai**	come on
54	**faremo i bravi**	we will behave
55	**sorrisone**	big smile

Domande a risposta multipla

1) Chi è Zio Mimmo?

   a. È lo zio di Marco, ossia il fratello di suo padre.

   b. È lo zio di Alessandro, ossia il fratello di Marco.

   c. È lo zio di Miriam, ossia il fratello di suo padre.

2) Perché Marco legge la lettera in braille?

   a. Perché sta imparando il linguaggio dei sordo-muti.

   b. Perché è non vedente.

   c. Per divertimento.

3) Cosa propone Miriam di fare dopo la festa di compleanno?

   a. Una vacanza in macchina in Sicilia.

   b. Un viaggio in aereo fino a casa.

   c. Un giro del vigneto e delle stalle al castello.

Risposte

1) **A**
2) **B**
3) **A**

CAPITOLO 1

Parte 1.2

La maledizione di Bianca - Bianca's curse

"Quando zio Mimmo e zia Carmela erano **piccoli**[1], la famiglia di zia Carmela **aveva scoperto**[2] un nuovo metodo di **coltivazione delle viti**[3]. Così i **genitori**[4] di zio Mimmo **si sono trasferiti**[5] dal Veneto alla Sicilia per imparare questo metodo." inizia a raccontare Marco.

Poi continua: "Zio Mimmo **è cresciuto**[6] a Palermo e quando era diciottenne, **è diventato**[7] la **guida**[8] del vigneto del castello di Caccamo. **Non appena**[9] ha incontrato zia Carmela al castello, è stato **amore a prima vista**[10]. Dopo pochi mesi, zio Mimmo e zia Carmela **si sono sposati**[11]. E **da allora**[12] vivono nel castello di Caccamo."

Miriam **mostra**[13] la fotografia del castello ai figli: "Sembra un castello delle **favole**[14]! Zio Mimmo mi ha detto che è sopra una **collina**[15] da dove **si vede**[16] tutto il **paese**[17]. **Dall'altro lato**[18] il castello **si affaccia**[19] su un **precipizio**[20]. Sotto c'è un **fiume**[21] che **scorre**[22] fino al mare. **Chissà**[23] che bel **posto**[24]!"

"Ma gli zii non hanno **figli**[25]? Vivono tutti soli in un castello gigante?" domanda Margherita con innocenza.

"**Ebbene sì**[26], gli zii non hanno mai avuto figli. E zia Carmela è l'**unica erede**[27] del castello e del vigneto della famiglia." risponde Marco.

In realtà **sia** Miriam **che**[28] Marco **sanno**[29] che gli zii **hanno cercato**[30] di avere figli per anni ma **hanno scoperto**[31] che la zia Carmela non è fertile.

Miriam interviene, **stringendo**[32] la mano a Marco: "Sono **sicura**[33] che gli zii **lasceranno**[34] tutta la loro **eredità**[35] a Marco, il loro **nipotino**[36] preferito."

"Se la zia non **impazzisce**[37] **per colpa**[38] di quel **fantasma**[39]!" aggiunge Marco.

"Un fantasma?" chiede Margherita, **impaurita**[40], e **si nasconde**[41] sotto la **coperta**[42] sul divano.

"Un fantasma? Interessante! Dai, racconta papà." dice **invece**[43] Alessandro, curioso.

Presto[44] Alessandro inizierà l'università a Firenze per studiare Scienze della Comunicazione con **indirizzo in giornalismo**[45], e **non vede l'ora**[46] di scrivere il suo primo articolo.

Marco racconta alla famiglia che **apparentemente**[47] **da qualche tempo**[48] **succedono**[49] **episodi strani**[50] al castello.

Ogni notte zio Mimmo e zia Carmela sentono **urla**[51] in cucina, e **porte che si aprono e chiudono**[52]. Quando si svegliano la mattina, trovano **libri di ricette**[53] **caduti**[54] dagli **scaffali**[55] e bottiglie di vino **rotte**[56] in **cantina**[57], **quadri storti**[58] alle **pareti**[59], **letti sfatti**[60], **mobili**[61] che **sono stati spostati**[62].

In paese **si dice**[63] che zia Carmela **è stata colpita**[64] dalla **maledizione**[65] del fantasma di Bianca che **abitava**[66] il castello in **tempi antichi**[67] e **non ha mai potuto**[68] avere figli.

Per questo motivo, Bianca **è stata uccisa**[69] dal **marito**[70] con **chiodi di ferro**[71] nel pane.

Riassunto della storia

Zio Mimmo si è trasferito in Sicilia con la famiglia per imparare un nuovo metodo di coltivazione delle viti. Lì ha incontrato e sposato zia Carmela. Ora vivono nel castello di Caccamo senza figli, ma pensano che il castello sia infestato dal fantasma di Bianca dopo strani episodi.

Summary of the story

Uncle Mimmo moved to Sicily with his family to learn a new vine cultivation method. There, he met and married Aunt Carmela. They now live in Caccamo's Castle without children, but they believe the castle is haunted by Bianca's ghost after strange events.

Vocabulary

1   **piccoli**   young
2   **aveva scoperto**   (the family) had discovered
3   **coltivazione delle viti**   vine farming
4   **genitori**   parents
5   **si sono trasferiti**   they moved
6   **è cresciuto**   (he) grew up
7   **è diventato**   (he) became
8   **guida**   guide
9   **non appena**   as soon as
10   **amore a prima vista**   love at first sight
11   **si sono sposati**   they got married
12   **da allora**   since then
13   **mostra**   (she) shows
14   **favole**   fairy tales
15   **collina**   hill
16   **si vede**   you can see

17	**paese**	village
18	**dall'altro lato**	on the other side
19	**si affaccia**	(it) overlooks
20	**precipizio**	precipice, cliff
21	**fiume**	river
22	**scorre**	(it) flows
23	**chissà**	I wonder
24	**posto**	place
25	**figli**	children
26	**ebbene sì**	that's right
27	**unica erede**	only heir
28	**sia...che**	both
29	**sanno**	they know
30	**hanno cercato**	they have tried
31	**hanno scoperto**	they have found out
32	**stringendo**	holding on tight
33	**sicura**	sure
34	**lasceranno**	they will leave
35	**eredità**	inheritance
36	**nipotino**	grandchild
37	**impazzisce**	(she) doesn't become crazy
38	**per colpa**	because
39	**fantasma**	ghost
40	**impaurita**	scared
41	**si nasconde**	(she) hides
42	**coperta**	blanket

43	**invece**	instead
44	**presto**	soon
45	**indirizzo in giornalismo**	course in journalism
46	**non vede l'ora**	(he) can't wait
47	**apparentemente**	apparently
48	**da qualche tempo**	for some time
49	**succedono**	(weird episodes) are happening
50	**episodi strani**	weird episodes
51	**urla**	screams
52	**porte che si aprono e chiudono**	doors that open and close
53	**libri di ricette**	cookbooks
54	**caduti**	fallen
55	**scaffali**	shelves
56	**rotte**	broken
57	**cantina**	cellar
58	**quadri storti**	crooked paintings
59	**pareti**	walls
60	**letti sfatti**	undone beds
61	**mobili**	furniture
62	**sono stati spostati**	they have been moved
63	**si dice**	it is said
64	**è stata colpita**	(she) was struck
65	**maledizione**	curse
66	**abitava**	(she) lived
67	**tempi antichi**	ancient times

68	**non ha mai potuto**	(she) has never been able to
69	**è stata uccisa**	(she) has been murdered
70	**marito**	husband
71	**chiodi di ferro**	iron nails

Domande a risposta multipla

1) Quando si sono conosciuti gli zii?

    a. Quando zio Mimmo aveva diciotto anni.

    b. Quando il castello è stato costruito

    c. Quando erano piccoli.

2) Perché gli zii non hanno figli?

    a. A causa della maledizione del fantasma di Bianca.

    b. Perché zia Carmela non è fertile.

    c. Perché zio Mimmo non vuole figli.

3) Perché Bianca è stata uccisa dal marito in tempi antichi?

    a. Perché non ha mai potuto avere figli.

    b. Per colpa degli strani episodi al castello.

    c. Perché non era ordinata.

Risposte

1) A

2) B

3) A

CAPITOLO 1

Parte 1.3

La mappa del castello - The castle map

Marco diventa **ancora più serio**[1]. "Miriam, ricordi cosa ha detto zio Mimmo al telefono? **Su**[2] zia Carmela ed i suoi **sospetti**[3]…"

Miriam **fa cenno di sì**[4] con la testa. "Sì, mi ha detto che zia Carmela pensa che **qualcosa o qualcuno**[5] nel castello **voglia farle del male**[6]. **Forse**[7] è solo un po' **paranoica**[8] o forse c'è qualcosa che non sappiamo."

"Dobbiamo **scoprire la verità**[9]!" dice Alessandro, con il suo spirito da giornalista. **Non crede**[10] ai fantasmi, quindi è entusiasta all'idea di aiutare zio Mimmo e zia Carmela a **risolvere**[11] il mistero del fantasma di Bianca.

"Questo è uno dei motivi **per cui**[12] dobbiamo andare in Sicilia." dice Marco con decisione. "**Non solo**[13] per la festa di zio Mimmo, ma per stare vicino agli zii ed aiutarli." Marco tocca con le **dita**[14] la lettera di invito in braille.

"**Allora**[15], andiamo a vedere il castello di zio Mimmo e zia Carmela... **Sembra**[16] un'avventura." dice Miriam con decisione.

Miriam apre la mappa che **era**[17] nella busta e **la mette**[18] sul tavolo della cucina. La mappa mostra il castello, le stalle e il grande vigneto.

"**Guardate qui**[19]!" indica Miriam. "Questo è il castello, e queste sono le stalle dove zia Carmela tiene i suoi cavalli."

Alessandro guarda la mappa **più da vicino**[20]. "E questa parte qui?" chiede, indicando la **pianta del piano superiore**[21] del castello.

"Queste sono le camere da letto del castello e la libreria. Sembra **immensa**[22]!" risponde Marco.

Margherita, che ha ascoltato in silenzio, chiede impaurita: "Posso **portare**[23] la mia **macchina fotografica**[24] con me? **Mi proteggerà**[25] dai fantasmi. Ho letto che i fantasmi **hanno paura**[26] delle **luci improvvise**[27] e non vogliono **essere catturati**[28] su **pellicola**[29]."

Miriam sorride e **accarezza**[30] i capelli di Margherita. "Certo, **tesoro**[31]. **Non preoccuparti**[32] dei fantasmi, Alessandro ci aiuterà a scoprire se sono **solo storie**[33]. **Vero**[34], Alessandro?"

Alessandro sorride, **pronto**[35] per il mistero, mentre Margherita **esce da sotto**[36] la coperta, **sentendosi**[37] un po' più sicura con il coraggio della sua famiglia.

"Bene!" conclude Marco, alzandosi e **muovendosi**[38] verso la porta del giardino con il suo bastone. "**Prepariamoci**[39] per una vera avventura in Sicilia!"

Con entusiasmo, la famiglia inizia i **preparativi**[40] per il loro viaggio in Sicilia, **senza sapere**[41] delle **sfide**[42] e delle **scoperte**[43] che **li aspettano**[44].

Riassunto della storia

Marco racconta che zia Carmela pensa che qualcuno o qualcosa voglia farle del male. Alessandro, incuriosito, vuole indagare e risolvere il mistero, mentre Margherita vuole portare la sua macchina fotografica per proteggersi dai fantasmi. La famiglia studia la mappa del castello e poi si prepara per il viaggio in Sicilia.

Summary of the story

Marco says that Aunt Carmela believes someone or something wants to harm her. Alessandro, intrigued, wants to investigate and solve the mystery, while Margherita wants to bring her camera to protect herself from ghosts. The family studies the castle map and then prepares for their trip to Sicily.

Vocabulary

1   **ancora più serio**   even more serious
2   **su**   about
3   **sospetti**   suspicions, doubts
4   **fa cenno di sì**   (she) nods yes
5   **qualcosa o qualcuno**   something or someone
6   **voglia farle del male**   (it) wants to harm her
7   **forse**   perhaps
8   **paranoica**   paranoid
9   **scoprire la verità**   (we must) discover the truth
10   **non crede**   (he) doesn't believe
11   **risolvere**   to solve
12   **per cui**   for which
13   **non solo**   not only
14   **dita**   fingers
15   **allora**   so
16   **sembra**   (it) seems like
17   **era**   (it) was
18   **la mette**   (she) puts it
19   **guardate qui**   look here
20   **più da vicino**   closer
21   **pianta del piano superiore**   floor plan of the upper floor

22 **immensa** immense

23 **portare** (can I) bring

24 **macchina fotografica** camera

25 **mi proteggerà** (it) will protect me

26 **hanno paura** they are afraid

27 **luci improvvise** sudden lights

28 **essere catturati** being captured

29 **pellicola** film

30 **accarezza** (she) caresses

31 **tesoro** darling

32 **non preoccuparti** don't worry

33 **solo storie** just stories

34 **vero** right

35 **pronto** ready

36 **esce da sotto** (she) comes out from under

37 **sentendosi** feeling

38 **muovendosi** moving

39 **prepariamoci** let's get ready

40 **preparativi** preparations

41 **senza sapere** without knowing

42 **sfide** challenges

43 **scoperte** discoveries

44 **li aspettano** they await them

Domande a risposta multipla

1) Che sospetti ha zia Carmela?

   a. È solamente paranoica.

   b. Sospetta dello zio Mimmo.

   c. Pensa che qualcuno o qualcosa voglia farle del male.

2) Alessandro vuole aiutare gli zii a risolvere il mistero:

   a. Per godersi la festa di compleanno.

   b. Per vedere il fantasma di Bianca.

   c. Perché non crede ai fantasmi.

3) Margherita vuole la sua macchina fotografica in Sicilia:

   a. Per fare fotografie al paesaggio.

   b. Perché i fantasmi non vogliono essere fotografati.

   c. Perché vuole diventare una fotografa.

Risposte

1) **C**
2) **C**
3) **B**

Viaggio in treno - Train journey

CAPITOLO 2

Parte 2.1

Doppio furto - Double theft

Finalmente[1], **iniziano**[2] le vacanze. Miriam, Marco, Alessandro e Margherita **salgono**[3] sul treno Frecciarossa da Firenze a Napoli, dove **cambieranno**[4] per il treno notturno verso Palermo. Zio Mimmo **ha prenotato**[5] per loro una **cabina letto**[6].

Dopo una **cena allegra**[7] nel **vagone**[8] ristorante, tornano in cabina e trovano la **porta socchiusa**[9]. All'interno, il caos: vestiti **sparsi**[10], documenti **fuori posto**[11] e la macchina fotografica di Margherita **è scomparsa**[12].

"Un **ladro**[13] è entrato qui." **sussurra**[14] Miriam, preoccupata.

Anche se[15] non vede, Marco **percepisce**[16] la tensione. Mentre **raccoglie**[17] i vestiti, trova una **fiala**[18] misteriosa con un **forte**[19] profumo di rosa. "Che cos'è questa?" pensa disturbato.

Nel frattempo[20], Margherita **scoppia a piangere**[21] per la sua macchina fotografica scomparsa. Miriam cerca di **consolarla**[22]. "Tesoro, **ne compreremo**[23] un'altra."

Ma **ormai**[24] il treno sta arrivando alla stazione di Napoli. Con il poco tempo a disposizione per cambiare treno, la famiglia decide di **denunciare**[25] il **furto**[26] al **controllore**[27] e scendere dal treno.

Marco fa una **breve sosta**[28] al bagno della stazione di Napoli e lascia la valigia **incustodita**[29]. Quando torna, è scomparsa.

"**Non ci posso credere**[30]!" esclama Miriam, frustrata.

Corrono a denunciare il furto alla polizia della stazione, ma devono **risalire**[31] in treno senza la valigia **in fretta e furia**[32].

Al momento di partire, il treno viene **improvvisamente**[33] bloccato. "**Ci manca anche questo**[34]." dice Miriam, **scocciata**[35].

Qualcuno **bussa**[36] alla loro cabina dopo pochi minuti.

"Buonasera Signor Bortolot!" dice un poliziotto, **consegnando**[37] a Marco la sua valigia. "Un **passante**[38] ha portato la Sua valigia abbandonata all'**ufficio oggetti smarriti**[39]. Un **colpo di fortuna**[40]. Ecco a Lei!"

Marco apre la valigia e tocca veloce il contenuto: è tutto intatto[41]. Ma la fiala misteriosa **non è più**[42] al suo interno.

Tornati alla loro cabina, **nel cuore della notte**[43], **sono sul punto**[44] di **addormentarsi**[45], quando qualcuno bussa di nuovo alla porta della loro cabina.

"**Chi sarà mai**[46] ora?" **borbotta**[47] Miriam, ormai **di cattivo umore**[48] dopo tutti gli **avvenimenti**[49] della serata.

Marco apre la porta e sente immediatamente un forte profumo di rosa. Poi tocca con il **piede**[50] un oggetto sul pavimento: è la macchina fotografica di Margherita.

Alessandro guarda nel **corridoio**[51] ed **intravvede**[52] una donna vestita con un **lungo abito**[53] nero con **cappuccio**[54], **come quello**[55] delle **suore**[56]. La donna **si allontana**[57] con **passi veloci**[58] verso un altro vagone del treno, **senza girarsi**[59].

La famiglia è ora **avvolta**[60] nel mistero, mentre il treno li porta sempre più vicini alla Sicilia.

Riassunto della storia

Durante il viaggio in treno verso la Sicilia, un possibile ladro entra nella cabina della famiglia e ruba la macchina fotografica di Margherita. Marco trova anche una fiala misteriosa nella sua valigia, poi la sua valigia sparisce a Napoli e ricompare sul treno senza la fiala. Di notte, una

donna misteriosa bussa alla cabina e lascia la macchina fotografica nel corridoio.

Summary of the story

During the train journey to Sicily, a possible thief enters the family's cabin and steals Margherita's camera. Marco also finds a mysterious vial in his suitcase, but later his suitcase disappears in Naples and reappears on the train without the vial. At night, a mysterious woman knocks on the cabin door and leaves the camera in the corridor.

Vocabulary

1 **finalmente** finally
2 **iniziano** (the holidays) start
3 **salgono** they get on
4 **cambieranno** they will change
5 **ha prenotato** (he) has booked
6 **cabina letto** sleeping compartment
7 **cena allegra** cheerful dinner
8 **vagone** wagon
9 **porta socchiusa** half-open or left-ajar door
10 **sparsi** scattered
11 **fuori posto** out of place
12 **è scomparsa** (it) has disappeared

13   **ladro**   thief

14   **sussurra**   (she) whispers

15   **anche se**   even though

16   **percepisce**   (he) perceives

17   **raccoglie**   (he) picks up

18   **fiala**   vial

19   **forte**   strong

20   **nel frattempo**   meanwhile

21   **scoppia a piangere**   (she) bursts into tears

22   **consolarla**   to comfort her

23   **ne compreremo**   we will buy another one

24   **ormai**   by now

25   **denunciare**   to report

26   **furto**   theft

27   **controllore**   conductor

28   **breve sosta**   brief stop

29   **incustodita**   unattended

30   **non ci posso credere**   I can't believe it

31   **risalire**   (they have to) get back on

32   **in fretta e furia**   in a rush

33   **improvvisamente**   suddenly

34   **ci manca anche questo**   this is all we needed

35   **scocciata**   annoyed

36   **bussa**   (someone) knocks

37   **consegnando**   handing over

38   **passante**   passerby

39	**ufficio oggetti smarriti**	lost and found office
40	**colpo di fortuna**	stroke of luck
41	**intatto**	intact
42	**non è più**	(it) is no longer
43	**nel cuore della notte**	in the middle of the night
44	**sono sul punto**	they are about
45	**addormentarsi**	to fall asleep
46	**chi sarà mai**	who could it be
47	**borbotta**	(she) mutters
48	**di cattivo umore**	in a bad mood
49	**avvenimenti**	events
50	**piede**	foot
51	**corridoio**	corridor
52	**intravvede**	(he) glimpses
53	**lungo abito**	long dress
54	**cappuccio**	hood
55	**come quello**	like that
56	**suore**	nuns
57	**si allontana**	(she) walks away
58	**passi veloci**	quick steps
59	**senza girarsi**	without turning around
60	**avvolta**	wrapped

Domande a risposta multipla

1) Che cosa è scomparso dalla cabina di Miriam e Marco?

    a. Una fiala di profumo.

    b. Alcuni vestiti e documenti di Marco.

    c. La macchina fotografica di Margherita.

2) Che cosa è scomparso dalla valigia di Marco dopo la sosta a Napoli?

    a. La macchina fotografica di Margherita.

    b. La fiala di profumo.

    c. Un lungo abito nero con cappuccio.

3) Perché Alessandro pensa che la donna nel corridoio sia una suora?

    a. Per il suo passo veloce.

    b. Per il suo abito nero lungo con cappuccio.

    c. Perché non si è fermata a parlare.

Risposte

1) C

2) B

3) B

CAPITOLO 2

Parte 2.2

Un caffè troppo forte - A too strong coffee

Miriam, Marco, Alessandro e Margherita **arrivano**[1] a Palermo, **accolti**[2] dal **caldo sole**[3] siciliano.e senza **ulteriori intoppi**[4]. Sono stanchi ma **entusiasti**[5] per questa nuova avventura.

Il castello di zio Mimmo è **veramente maestoso**[6], **circondato**[7] da un **vasto vigneto**[8].

All'ingresso[9], il **giardiniere**[10] e **stalliere**[11] del castello, Giuseppe, **li accoglie**[12] con un gran sorriso. **Gli mostra**[13] le loro camere e la cucina.

"Dopo pranzo, **vi porterò**[14] a vedere il vigneto e poi le stalle e i cavalli." promette Giuseppe, notando l'interesse di Margherita per gli animali.

Nella maestosa **sala da pranzo**[15] del castello, zio Mimmo e zia Carmela li accolgono **calorosamente**[16] per pranzare assieme.

"**Che piacere**[17] vedervi qui!" esclama zio Mimmo, mentre **li abbraccia**[18]. "Presto, **sediamoci**[19] al tavolo prima che il pranzo diventi freddo."

Miriam **coglie l'occasione**[20] per annunciare una sorpresa che ha preparato per zio Mimmo: "Per il tuo compleanno, ho pensato di **dipingere**[21] un **ritratto**[22] di te e Carmela."

"Che meravigliosa sorpresa!" risponde zia Carmela, **visibilmente commossa**[23].

Proprio in quell'istante[24] un bicchiere di **cristallo**[25] **cade**[26] dalle mani della **cameriera**[27] e **si frantuma**[28] in mille pezzi.

"**Mi dispiace**[29] tanto, oggi sono proprio **maldestra**[30]!" si scusa la cameriera, e **pulisce**[31] di fretta.

"Non c'è problema, Linda." dice calmo zio Mimmo.

Miriam nota che Linda è una ragazza giovane molto **attraente**[32]. È **truccata**[33] con mascara ed **ombretto**[34] e con capelli neri e **ondulati**[35]. Dietro il **grembiule**[36] indossa un vestito nero **smanicato**[37] ed **abbastanza**[38] corto.

Poco dopo[39], l'orecchino[40] a **forma di cuore**[41] di Linda cade nel piatto di Marco, e lei **gli sussurra**[42] qualcosa all'orecchio.

Poi **recupera**[43] l'orecchino e dice: "Oh, scusate **ancora**[44], oggi **non è proprio il mio giorno**[45]!"

Miriam nota con fastidio che Linda è **piena di attenzioni**[46] per Marco, **toccandogli**[47] spesso la mano e **scompigliandogli**[48] i capelli.

Alessandro osserva la scena con interesse. "Ti piace la cameriera, vero?" gli sussurra Miriam.

Alessandro sorride **imbarazzato**[49]: "Beh, è **carina**[50]... e molto elegante."

Dopo il caffè, Marco si alza **pallido**[51]. "**Non mi sento bene**[52], vado a **riposare**[53] in camera prima della festa di stasera."

"Posso **accompagnarti**[54]." **si offre**[55] subito la cameriera, **supportandolo**[56] gentilmente con un braccio.

Anche zia Carmela si alza da tavola in quel momento e si offre di **portare**[57] la nipotina a vedere le stalle.

"Che bello! Andiamo a vedere i cavalli, mamma?" implora Margherita, **prendendo**[58] Miriam **per la mano**[59]. Ha già la macchina fotografica **al collo**[60] per fotografare i cavalli.

Anche se[61] preoccupata per Marco e un po' gelosa della cameriera, Miriam decide di **seguire**[62] zia Carmela verso le stalle: "Va bene, andiamo. Vieni anche tu, Alessandro?"

Ancora distratto[63] dalla presenza della cameriera, Alessandro risponde **annoiato**[64]: "Sì, arrivo mamma."

Riassunto della storia

La famiglia arriva al castello di zio Mimmo in Sicilia. Durante il pranzo, Miriam annuncia un ritratto come regalo per il compleanno di zio Mimmo. La giovane cameriera Linda attira l'attenzione con il suo comportamento maldestro e le continue attenzioni verso Marco, infastidendo Miriam. Dopo il caffè, Marco si sente male e Linda si offre di accompagnarlo. Intanto, zia Carmela invita Margherita a visitare le stalle, e Miriam, seppur preoccupata per Marco, decide di seguirla.

Summary of the story

The family arrives at Uncle Mimmo's castle in Sicily. During lunch, Miriam announces a portrait as a birthday gift for Uncle Mimmo. The young maid, Linda, draws attention with her clumsy behaviour and constant attentions toward Marco, irritating Miriam. After coffee, Marco feels unwell, and Linda offers to accompany him. Meanwhile, Aunt Carmela invites

Margherita to visit the stables, and Miriam, though worried about Marco, decides to follow her

Vocabolario

1   **arrivano**   (they) arrive
2   **accolti**   welcomed
3   **caldo sole**   warm sun
4   **ulteriori intoppi**   further hitches
5   **entusiasti**   enthusiastic
6   **veramente maestoso**   truly majestic
7   **circondato**   surrounded
8   **vasto vigneto**   ample vineyard
9   **all'ingresso**   at the entrance
10   **giardiniere**   gardener
11   **stalliere**   stable hand
12   **li accoglie**   (he) welcomes them
13   **gli mostra**   (he) shows them
14   **vi porterò**   I will take you
15   **sala da pranzo**   dining room
16   **calorosamente**   warmly
17   **che piacere**   what a pleasure
18   **li abbraccia**   (he) hugs them
19   **sediamoci**   let's sit down
20   **coglie l'occasione**   (she) takes the opportunity
21   **dipingere**   to paint

22	**ritratto**	portrait
23	**visibilmente commossa**	visibly moved
24	**proprio in quell'istante**	right at that moment
25	**cristallo**	crystal
26	**cade**	(it) falls
27	**cameriera**	waitress
28	**si frantuma**	(it) shatters
29	**mi dispiace**	I'm sorry
30	**maldestra**	clumsy
31	**pulisce**	(she) cleans
32	**attraente**	attractive
33	**truccata**	made up, with make up on
34	**ombretto**	eyeshadow
35	**ondulati**	wavy
36	**grembiule**	apron
37	**smanicato**	sleeveless
38	**abbastanza**	quite
39	**poco dopo**	shortly after
40	**orecchino**	earring
41	**forma di cuore**	heart-shaped
42	**gli sussurra**	(she) whispers to him
43	**recupera**	(she) retrieves
44	**ancora**	again
45	**non è proprio il mio giorno**	it's really not my day
46	**piena di attenzioni**	full of attentions
47	**toccandogli**	touching (his hand)

48 **scompigliandogli** messing up (his hair)

49 **imbarazzato** embarrassed

50 **carina** pretty

51 **pallido** pale

52 **non mi sento bene** I don't feel well

53 **riposare** to rest

54 **accompagnarti** (I can) accompany you

55 **si offre** (she) offers

56 **supportandolo** supporting him

57 **portare** to take

58 **prendendo** taking

59 **per la mano** by the hand

60 **al collo** around her neck

61 **anche se** even though

62 **seguire** to follow

63 **ancora distratto** still distracted

64 **annoiato** bored

Domande a risposta multipla

1) Che cosa decide di dipingere Miriam per il compleanno di zio Mimmo?

   a. Un dipinto del castello.

   b. Un ritratto degli zii.

c. Un ritratto di tutta la sua famiglia.

2) Che cosa fa cadere la cameriera nel piatto di Marco?

   a. Un capello nero e ondulato.

   b. Un bicchiere di cristallo.

   c. Un orecchino a forma di cuore.

3) Perché Miriam è infastidita dalla cameriera?

   a. Per il suo comportamento maldestro.

   b. Per il suo aspetto elegante.

   c. Per le sue continue attenzioni verso Marco.

Risposte

1) **B**

2) **C**

3) **C**

CAPITOLO 2

Parte 2.3

Il litigio - The argument

Dopo la visita alle stalle, Miriam rientra in camera **per prepararsi**[1] alla festa.

"Stai meglio, Marco?" chiede Miriam a Marco che si è svegliato **da poco**[2].

"Sì, grazie. Non avevo dormito molto in treno." risponde Marco, sorridendo per tranquillizzare la moglie. "**Mi aiuti a vestirmi**[3] per la festa?"

Mentre cerca la **cravatta**[4], Miriam trova un orecchino a forma di cuore nella valigia del marito. È identico **a quelli**[5] di Linda.

"Marco, sai da dove viene questo orecchino?" chiede Miriam, **mettendo**[6] l'orecchino nella mano del marito **non vedente**[7].

"No, non ho idea." risponde Marco, confuso, toccando l'oggetto.

Miriam è furiosa. "Sei sicuro? Chi **ti ha riaccompagnato**[8] in camera dopo pranzo?"

In quel momento, la cameriera Linda **bussa**[9]. **È stata scelta**[10] per fare **da balia**[11] a Margherita. "Margherita non vuole stare con me durante la festa."

Margherita corre dalla madre. "Ho paura dei fantasmi! Posso restare con te? **Farò la brava**[12]!"

"Va bene, tesoro!" dice Miriam **dolcemente**[13], poi **si rivolge seccamente**[14] a Linda."Questo orecchino è tuo, **per caso**[15]?"

"Oh, sì! Grazie!" risponde la cameriera, e **lo infila**[16] in **tasca**[17].

"Bene, puoi andare!" Miriam **sbatte**[18] la porta. **in faccia**[19] alla cameriera.

Nel corridoio, Alessandro **incrocia**[20] Linda. Sembra diversa: capelli **raccolti**[21], niente trucco, vestita con pantaloni lunghi e camicia bianca. **Non porta**[22] orecchini e non ha i **buchi alle orecchie**[23].

La saluta[24], ma lei sembra **non riconoscerlo**[25].

"Vai a prepararti per la festa?" chiede Alessandro, cercando di sembrare **disinteressato**[26].

"Sono **già pronta**[27]." risponde lei velocemente.

"Capisco... i tuoi capelli mossi erano molto belli." commenta Alessandro, un po' **impacciato**[28].

"Ah, grazie!" risponde lei, **arrossendo**[29].

Alessandro resta pensieroso. "Strano, sembra **un'altra persona**[30]."

Nel frattempo, dalla stanza dei genitori, sente Miriam esclamare: "Non ti sembra strano? Le attenzioni **verso di te**[31]... e un orecchino nella nostra valigia!"

"Miriam, può essere una coincidenza." Marco cerca di **calmarla**[32].

"Una coincidenza? Non sono stupida!" Miriam **alza la voce**[33].

"Miriam, aspetta, **parliamone**[34]!" **supplica**[35] Marco.

"No, **ho bisogno**[36] di stare **da sola**[37]!" risponde lei e **si allontana**[38] con Margherita, sbattendo la porta. "Vieni Margherita, andiamo a preparare il ritratto."

Alessandro si gira e vede Linda allontanarsi velocemente nel corridoio. Poi incrocia lo **sguardo**[39] della madre che sta camminando con la sorella verso la libreria degli zii.

"Non ora, Alessandro. Ci vediamo dopo." La madre non vuole parlare **evidentemente**[40].

Alessandro allora entra in camera e chiede a Marco: "Ma cosa **è successo**[41]?"

"**È** la cameriera. Tua madre pensa che **ci sia qualcosa di sospetto**[42]." spiega Marco.

Alessandro allora decide di **tenere d'occhio**[43] la cameriera durante la festa.

Riassunto della storia

Miriam trova un orecchino di Linda nella valigia di Marco e litiga con Marco. Nel frattempo, Alessandro incrocia Linda nel corridoio, ma sembra diversa, senza trucco né orecchini, e vestita in modo sobrio. Dopo il litigio con Marco, Miriam si allontana con Margherita verso la libreria, mentre Alessandro decide di tenere d'occhio Linda durante la festa.

Summary of the story

Miriam finds Linda's earring in Marco's suitcase and argues with him. Meanwhile, Alessandro meets Linda in the hallway, but she looks different—without makeup, earrings, and dressed modestly. After the argument, Miriam leaves with Margherita for the library, while Alessandro decides to keep an eye on Linda during the party.

Vocabolario

1   **per prepararsi**   to get ready

2   **da poco**   recently

3   **mi aiuti a vestirmi**   can you help me get dressed

4   **cravatta**   tie

5   **a quelli**   to those

6   **mettendo**   putting

7   **non vedente**   blind

8   **ti ha riaccompagnato**   (who) has accompanied you back

9   **bussa**   (she) knocks

10   **è stata scelta**   she was chosen

11   **da balia**   as a nanny

12   **farò la brava**   I will be good

13   **dolcemente**   sweetly

14   **si rivolge seccamente**   (she) addresses dryly

15   **per caso**   by any chance

16   **lo infila**   (she) puts it

17   **tasca**   pocket

18   **sbatte**   (she) slams

19   **in faccia**   in the face

20   **incrocia**   (he) crosses paths with

21   **raccolti**   tied up

22   **non porta**   she doesn't wear

23   **buchi alle orecchie**   pierced ears

24 **la saluta** (he) greets her

25 **non riconoscerlo** not recognizing him

26 **disinteressato** disinterested

27 **già pronta** already ready

28 **impacciato** awkward

29 **arrossendo** blushing

30 **un'altra persona** another person

31 **verso di te** towards you

32 **calmarla** to calm her down

33 **alza la voce** (she) raises her voice

34 **parliamone** let's talk about it

35 **supplica** (he) begs

36 **ho bisogno** I need

37 **da sola** alone

38 **si allontana** (she) walks away

39 **sguardo** gaze

40 **evidentemente** evidently

41 **è successo** (what) happened

42 **ci sia qualcosa di sospetto** there is something suspicious

43 **tenere d'occhio** to keep an eye on

Domande a risposta multipla

1) Cosa trova Miriam nella valigia di Marco?

a. Una cravatta con cuoricini.

b. Un orecchino di Linda.

c. Un oggetto insolito.

2) Perché Margherita non vuole stare con Linda?

a. Perché ha fatto litigare i genitori.

b. Perché Linda sembra diversa.

c. Perché ha paura dei fantasmi.

3) Alessandro vuole tenere d'occhio Linda perché:

a. Sembra diversa, vestita in modo sobrio e senza trucco.

b. Non vuole fare da balia a Margherita.

c. Ha i capelli mossi e un vestito corto.

Risposte

1) B

2) C

3) A

La festa di compleanno - The birthday party

CAPITOLO 3

Parte 3.1

Il ritratto - The portrait

Verso sera[1] il castello **si riempie**[2] di **parenti**[3] e amici degli zii, **mascherati**[4] e vestiti con eleganza per la festa di compleanno di zio Mimmo.

Nel **salone principale**[5] c'è un grande buffet di piatti siciliani e una **vivace banda**[6] che **suona**[7] musica tradizionale. Gli invitati **danzano**[8], ridono, mangiano e bevono il buon vino.

Nel frattempo, nella libreria Miriam prepara **tela e** [9]**pennelli**[9] per dipingere il ritratto di zio Mimmo e zia Carmela. Gli zii posano[10] di fronte al **camino**[11] con la **luce**[12] delle **fiamme**[13] alle spalle.

"Questo sarà un ritratto **indimenticabile**[14]." dice zia Carmela, mentre **si accomoda**[15] accanto a suo marito davanti al camino.

Miriam inizia a dipingere gli zii, **conversando**[16] **allegramente**[17] e cercando di **catturare**[18] l'essenza del loro **amore**[19] sulla tela.

Margherita, curiosa e **impaziente**[20], esplora la stanza e si **nasconde**[21] in un grande **armadio antico**[22] con i suoi **acquerelli**[23], **fogli di carta**[24] e la sua inseparabile macchina fotografica.

Nel frattempo, Marco ed Alessandro **sorseggiano**[25] vino quando **vengono avvicinati**[26] da Don Carlo, il giovane **parroco**[27] del paese: "Buonasera a voi! Sono Don Carlo, il parroco di Caccamo, **piacere di conoscere**[28] il **nipote**[29] di zio Mimmo e il **pronipote**[30], immagino?"

Dopo qualche bicchiere, Don Carlo **si rivolge**[31] ad Alessandro: "Mi piacerebbe **sapere di più**[32] sul tuo corso di giornalismo, Alessandro. Sembri il **tipo**[33] che potrebbe **raccontare**[34] le storie **nascoste**[35] di questo **posto**[36]."

Don Carlo sembra **veramente**[37] un parroco molto **alla mano**[38], che **capisce**[39] i **giovani di adesso**[40].

"Sì, sono sempre **alla ricerca**[41] di un buon mistero…" Alessandro risponde.

Alessandro è **distratto**[42] dalla cameriera, che **serve stuzzichini**[43] agli invitati e ha di nuovo i capelli mossi sciolti, un trucco evidente e la gonna. Nessuno chignon o pantaloni. *"**Non capirò mai**[44] le donne. Dicono una cosa ma poi **ne fanno un'altra**[45].*"

"Don Carlo, le donne sono **davvero**[46] un mistero, **non trovi**[47]?" chiede Alessandro, confuso.

Il parroco sorride. "Ogni persona ha i suoi misteri. Forse, da giornalista, **imparerai**[48] a leggere **tra le righe**[49] delle persone, **non solo**[50] dei testi."

Intanto[51], Miriam **aggiunge**[52] i dettagli finali al ritratto. Lo zio e la zia sono ritratti con tipici vestiti siciliani, **simbolo**[53] del loro **legame**[54] con la Sicilia. Sullo **sfondo**[55] Miriam ha dipinto il castello di Caccamo ed il vigneto.

"È **quasi finito**[56]." annuncia Miriam, **facendo un passo indietro**[57] per osservare meglio il lavoro.

In quel momento qualcuno bussa alla porta. È Linda, la cameriera con lo chignon. **In mano**[58] ha un **vassoio**[59] con tre **calici**[60]: "Volete un bicchiere di vino?"

Riassunto della storia

Durante la festa di compleanno di zio Mimmo, Miriam dipinge il ritratto degli zii mentre Margherita si nasconde in un armadio per divertimento. Mentre Alessandro parla con Don Carlo nel salone principale, nota un cambiamento nell'aspetto di Linda, la cameriera. Alla fine, Linda entra nella libreria ed offre del vino agli zii.

Summary of the story

During Uncle Mimmo's birthday party, Miriam paints a portrait of the uncle and aunt while Margherita hides in a wardrobe for fun. While Alessandro talks with Don Carlo in the main hall, he notices a change in Linda's appearance. In the end, Linda enters the library and offers wine to the uncle and aunt.

Vocabolario

1 **verso sera**   toward the evening
2 **si riempie**   (it) fills up
3 **parenti**   relatives

4 **mascherati** masked

5 **salone principale** main hall

6 **vivace banda** lively band

7 **suona** (it) plays

8 **danzano** they dance

9 **tela e pennelli** canvas and brushes

10 **posano** they pose

11 **camino** fireplace

12 **luce** light

13 **fiamme** flames

14 **indimenticabile** unforgettable

15 **si accomoda** (she) makes herself comfortable

16 **conversando** conversing

17 **allegramente** cheerfully

18 **catturare** to capture

19 **amore** love

20 **impaziente** impatient

21 **si nasconde** (she) hides

22 **armadio antico** ancient wardrobe

23 **acquerelli** watercolours

24 **fogli di carta** sheets of paper

25 **sorseggiano** they sip

26 **vengono avvicinati** they are approached

27 **parroco** parish priest

28 **piacere di conoscere** pleased to meet

29 **nipote** nephew

30	**pronipote**	great-nephew
31	**si rivolge**	(he) addresses
32	**sapere di più**	to know more
33	**tipo**	type, guy
34	**raccontare**	(he could) tell
35	**nascoste**	hidden
36	**posto**	place
37	**veramente**	truly
38	**alla mano**	approachable
39	**capisce**	(he) understands
40	**giovani di adesso**	young people of today
41	**alla ricerca**	in search of
42	**distratto**	distracted
43	**serve stuzzichini**	(she) serves appetisers
44	**non capirò mai**	I will never understand
45	**ne fanno un'altra**	they do another
46	**davvero**	really
47	**non trovi**	don't you think
48	**imparerai**	you will learn
49	**tra le righe**	between the lines
50	**non solo**	not only
51	**intanto**	meanwhile
52	**aggiunge**	(she) adds
53	**simbolo**	symbol
54	**legame**	connection
55	**sfondo**	background

56 **quasi finito** almost finished

57 **facendo un passo indietro** taking a step back

58 **in mano** in (her) hand

59 **vassoio** tray

60 **calici** wine glasses

Domande a risposta multipla

1) Dove si nasconde Margherita nella libreria?

   a. In un antico armadio.

   b. Nel vano del camino.

   c. Dietro la tela del ritratto.

2) Cosa significa 'leggere tra le righe'?

   a. Leggere le righe bianche tra una frase e l'altra.

   b. Comprendere il vero significato di qualcosa o l'intenzione delle persone.

   c. Toccare un testo in braille e capire il contenuto.

3) Gli zii sono ritratti con vestiti tipici siciliani:

   a. Perché sono entrambi di origine siciliana.

   b. Perché simboleggiano il loro legame con la Sicilia.

c. Perché gli zii lo hanno richiesto.

Risposte

1) **A**

2) **B**

3) **B**

CAPITOLO 3

Parte 3.2

Quasi Mezzanotte - Almost Midnight

La **festa**[1] di compleanno di zio Mimmo **prosegue**[2] tra **risate**[3] e danze. La musica siciliana **riempie**[4] l'aria con il suo ritmo contagioso e gli invitati ballano **allegramente**[5] **nel mezzo**[6] del salone principale.

Alcuni barcollano[7] visibilmente per aver bevuto **un bicchiere di troppo**[8]. L'atmosfera è **gioiosa**[9].

Mentre Alessandro continua a parlare **animatamente**[10] con Don Carlo, qualcuno in maschera si avvicina **furtivamente**[11] a Marco e **gli sussurra**[12]: "Marco, Miriam ti cerca nella libreria"

Marco **purtroppo**[13] non riconosce la voce **appena percettibile**[14] tra il rumore della festa, ma sente un **inconfondibile**[15] profumo di rosa. "È **uguale**[16] al profumo nella fiala sul treno!" pensa, sorpreso.

Con cautela[17], Marco arriva alla libreria, chiamando: "Miriam, sei qui?" ma nessuno risponde.

L'atmosfera nella stanza è **insolitamente silenziosa**[18]. **Avanza**[19] cauto con il suo bastone ed **inciampa**[20] su **qualcosa di inaspettato**[21]. Tocca i corpi **freddi**[22] **a terra**[23] e **senza battito al polso**[24], e realizza con orrore che zio Mimmo e zia Carmela sono **morti**[25].

Poi, grazie al suo **olfatto sviluppato**[26], sente un **lieve odore**[27] di **sangue**[28] che **proviene**[29] dalla finestra **aperta**[30]. Si avvicina alla finestra ascoltando l'acqua del fiume **sottostante**[31] che **scorre impetuoso**[32]. "Miriam!" grida, ma non riceve nessuna risposta.

Mentre cerca Miriam nella stanza col bastone, sente un piccolo movimento nell'armadio della libreria. Margherita apre l'armadio e corre ad abbracciare Marco. È **visibilmente spaventata**[33] ma **senza un graffio**[34].

Proprio[35] in quel momento, Alessandro entra nella stanza, pieno di entusiasmo ed annuncia con voce allegra: "Mamma, Margherita, è **mezzanotte**[36], stanno per iniziare i **fuochi d'artificio**[37] per il compleanno dello zio."

Tuttavia[38], il suo sorriso **scompare**[39] rapidamente quando vede la scena davanti a lui: i **corpi senza vita**[40] degli zii e Marco con Margherita in un **angolo**[41] della stanza.

"Cosa **sta succedendo**[42] qui?" chiede Alessandro, con voce **carica di ansia**[43] e confusione.

Marco, con voce **tremante**[44], risponde: "Ho trovato gli zii **così**[45] quando sono entrato, e Miriam... Miriam è scomparsa."

"E Margherita **non ha visto nulla**[46]?" chiede Alessandro abbracciando la sorella.

"Bianca..." dice la sorella con un'espressione spaventata. Al collo ha **ancora**[47] la sua macchina fotografica ed in mano ha **alcuni disegni**[48].

"È l'**unica parola**[49] che dice." conferma Marco con **tristezza**[50].

Insieme, padre e figlio decidono di **avvisare**[51] gli altri **ospiti**[52] e cercare aiuto, mentre il mistero della scomparsa di Miriam e la morte tragica degli zii **si infittisce**[53].

Riassunto della storia

Durante la festa, qualcuno sussurra a Marco che Miriam lo cerca in libreria. Lì trova i corpi senza vita degli zii e scopre che Miriam è scomparsa. Margherita, spaventata, ripete solo il nome "Bianca". Marco e Alessandro cercano aiuto, mentre il mistero si infittisce.

Summary of the story

During the party, someone whispers to Marco that Miriam is looking for him in the library. There, he finds the lifeless bodies of his uncles and discovers that Miriam has disappeared. A frightened Margherita only repeats the name "Bianca." Marco and Alessandro seek help as the mystery deepens.

Vocabolario

1	**festa**	party
2	**prosegue**	(it) continues
3	**risate**	laughter
4	**riempie**	(it) fills
5	**allegramente**	cheerfully
6	**nel mezzo**	in the middle
7	**alcuni barcollano**	some stumble
8	**un bicchiere di troppo**	one glass too many
9	**gioiosa**	joyful
10	**animatamente**	animatedly
11	**furtivamente**	stealthily
12	**gli sussurra**	(he/she) whispers to him
13	**purtroppo**	unfortunately
14	**appena percettibile**	barely perceptible
15	**inconfondibile**	unmistakable
16	**uguale**	identical

17	**con cautela**	cautiously
18	**insolitamente silenziosa**	unusually silent
19	**avanza**	(he) advances
20	**inciampa**	(he) trips
21	**qualcosa di inaspettato**	something unexpected
22	**freddi**	cold
23	**a terra**	on the ground
24	**senza battito al polso**	without a pulse
25	**morti**	dead
26	**olfatto sviluppato**	developed sense of smell
27	**lieve odore**	slight smell
28	**sangue**	blood
29	**proviene**	(it) comes from
30	**aperta**	open
31	**sottostante**	below
32	**scorre impetuoso**	(it) flows rapidly
33	**visibilmente spaventata**	visibly frightened
34	**senza un graffio**	without a scratch
35	**proprio**	just
36	**mezzanotte**	midnight
37	**fuochi d'artificio**	fireworks
38	**tuttavia**	however
39	**scompare**	(it) disappears
40	**corpi senza vita**	lifeless bodies
41	**angolo**	corner
42	**sta succedendo**	(what) is happening

43 **carica di ansia** full of anxiety

44 **tremante** trembling

45 **così** like this

46 **non ha visto nulla** (she) didn't see anything

47 **ancora** still

48 **alcuni disegni** some drawings

49 **unica parola** only word

50 **tristezza** sadness

51 **avvisare** to inform

52 **ospiti** guests

53 **si infittisce** (it) thickens

Domande a risposta multipla

1) Come capisce Marco che gli zii sono morti?

   a. I loro corpi sono freddi e senza battito al polso.

   b. I loro corpi sono immobili e senza odore.

   c. Sente odore di sangue dalla finestra.

2) Perché Alessandro entra in stanza prima di mezzanotte?

   a. Per annunciare il brindisi di mezzanotte.

   b. Perché ha bevuto un bicchiere di troppo.

   c. Per annunciare i fuochi d'artificio.

3) La parola 'Bianca' che ripete Margherita è:

    a. Il nome del fantasma del castello.

    b. Il colore della parete della libreria.

    c. Il nome della zia prima di sposarsi.

Risposte

1) A

2) C

3) A

CAPITOLO 3

Parte 3.3

Il testamento - The last will

Dopo la tragica scoperta nella libreria, la **polizia**[1] ed il dottore **intervengono tempestivamente**[2].

Una **piccola folla**[3], **tra cui**[4] Don Carlo, il giardiniere e la cameriera, **è radunata**[5] fuori dalla porta della biblioteca, vicino a Marco, Margherita ed Alessandro.

Nonostante[6] l'ansia, Alessandro **è attratto**[7] dal lavoro del dottore ed osserva **ogni sua piccola mossa**[8] come un **bravo investigatore**[9].

La polizia incomincia gli **interrogatori**[10] mentre il dottore **esamina**[11] i **corpi**[12] di zio Mimmo e zia Carmela, e la stanza.

Il dottore annuncia rapidamente: "Purtroppo, Mimmo e Carmela sono morti **poco prima**[13] di mezzanotte. Dovrò esaminare i corpi ma la **causa**[14] di morte **sembra essere infarto**[15] per **entrambi**[16]."

Don Carlo **non riesce a nascondere**[17] un **sussulto evidente**[18]: "Infarto? Ma è **sicuro**[19], Dottore?"

Alessandro nota che Don Carlo **incrocia lo sguardo**[20] con la cameriera Linda con un'espressione molto sorpresa, ma Linda **abbassa**[21] lo sguardo.

Alessandro **non può fare a meno di**[22] notare il suo chignon e la camicia bianca con i pantaloni. *"Dove sono finiti[23] trucco, gonna e capelli mossi?"* pensa **sospettoso**[24].

Poi il dottore nota **macchie**[25] di sangue sulla finestra e **le analizza**[26] con una tecnologia **sofisticata**[27] che **affascina**[28] Alessandro. Dopo solo 90 (novanta) minuti, il dottore conferma che il DNA corrisponde **a quello**[29] di Miriam.

Nel frattempo, la polizia interroga i **presenti**[30] alla festa, tra cui la cameriera Linda.

Alessandro sente la voce tremante della cameriera che confessa: "Ho sentito Miriam gridare a Marco... e poi **hanno litigato animatamente**[31]..."

La situazione **si complica**[32] quando il **notaio**[33] arriva per **discutere**[34] del **testamento**[35]. Rivela che Marco è l'**unico erede**[36].

Don Carlo sembra **di nuovo**[37] molto sorpreso: "Erede unico? Questo è... sorprendente."

Il giardiniere, **invece**[38], sembra molto **composto**[39]. Si avvicina al dottore, **bisbigliando**[40] qualcosa. Il dottore sembra rispondere alla **domanda**[41] ed Alessandro **non crede ai suoi occhi**[42] quando vede un **lieve sorriso**[43] sul viso del giardiniere.

Dopo la rivelazione del notaio e la confessione della cameriera, la polizia **prende decisioni rapide**[44]. "Signor Marco, dobbiamo **portarLa**[45] in **questura**[46] per qualche domanda, assieme ai suoi figli." dice l'ispettore con un tono serio.

Marco, Alessandro e Margherita **seguono**[47] la polizia, confusi. È evidente che la polizia **sospetta**[48] Marco di aver ucciso gli zii per l'eredità e **fatto scomparire**[49] Miriam, **buttandola**[50] dalla finestra, dopo il **litigio**[51] di **inizio serata**[52].

*"Poveri zii! **Non meritano**[53] una morte così! E dove **sarà**[54] Miriam? **Non posso credere**[55] che **sia morta**[56] anche lei. Che cosa è successo veramente?"* pensa Marco, cercando di rimanere calmo.

Riassunto della storia

Dopo la scoperta nella libreria, il dottore dichiara che gli zii sono morti d'infarto, ed il sangue sulla finestra corrisponde a quello di Miriam. Linda confessa di aver

sentito un litigio tra Miriam e Marco. Il notaio rivela che Marco è l'unico erede, aumentando i sospetti. La polizia porta Marco e i figli in questura, convinta che lui abbia ucciso gli zii e fatto scomparire Miriam.

Summary of the story

After the discovery in the library, the doctor declares that the uncle and aunt died of a heart attack, and the blood on the window matches Miriam's. Linda confesses to have heard an argument between Miriam and Marco. The notary reveals that Marco is the sole heir, increasing suspicion. The police take Marco and his children to the station, convinced that he killed his uncle and aunt and made Miriam disappear.

Vocabolario

1   **polizia** police
2   **intervengono tempestivamente**   they intervene promptly
3   **piccola folla**   small crowd
4   **tra cui** including
5   **è radunata**   (it) is gathered
6   **nonostante**   despite
7   **è attratto**   (he) is attracted
8   **ogni sua piccola mossa**   his every little move

9 **bravo investigatore** good detective

10 **interrogatori** interrogations

11 **esamina** (he) examines

12 **corpi** bodies

13 **poco prima** shortly before

14 **causa** cause

15 **sembra essere infarto** (it) seems to be a heart attack

16 **entrambi** both

17 **non riesce a nascondere** (he) cannot hide

18 **sussulto evidente** obvious startle

19 **sicuro** sure

20 **incrocia lo sguardo** (he) crosses glances

21 **abbassa** (she) lowers

22 **non può fare a meno di** (he) cannot help but

23 **sono finiti** they have gone

24 **sospettoso** suspicious

25 **macchie** stains

26 **le analizza** (he) analyses them

27 **sofisticata** sophisticated

28 **affascina** (it) fascinates

29 **a quello** to that of

30 **presenti** present (people)

31 **hanno litigato animatamente** they argued animatedly

32 **si complica** (it) gets complicated

33 **notaio** notary

34 **discutere** to discuss

35 **testamento** last will

36 **unico erede** sole, only heir

37 **di nuovo** again

38 **invece** instead

39 **composto** composed, calm

40 **bisbigliando** whispering

41 **domanda** question

42 **non crede ai suoi occhi** (he) cannot believe his eyes

43 **lieve sorriso** slight smile

44 **prende decisioni rapide** (the police) makes quick decisions

45 **portarLa** (we must) take you (formal)

46 **questura** police station

47 **seguono** they follow

48 **sospetta** (it) suspects

49 **fatto scomparire** made disappear

50 **buttandola** throwing her

51 **litigio** argument

52 **inizio serata** beginning of the evening

53 **non meritano** they don't deserve

54 **sarà** (she) will be

55 **non posso credere** I cannot believe

56 **sia morta** (she) is dead

Domande a risposta multipla

1) Cosa nota Alessandro quando guarda Linda?

    a. Che Linda ha uno sguardo sorpreso.

    b. Che Linda incrocia il suo sguardo.

    c. Che Linda abbassa lo sguardo.

2) Chi è l'unico erede nel testamento degli zii?

    a. Il pronipote Alessandro.

    b. Il nipote Marco.

    c. Don Carlo.

3) Perché Marco ed i figli vengono portati in questura?

    a. Perché Marco e i figli devono firmare alcuni documenti per l'eredità degli zii.

    b. Perché Marco non risponde alle loro domande.

    c. Perché la polizia sospetta che Marco abbia ucciso gli zii.

Risposte

1) C
2) B
3) C

I disegni di Margherita - Margherita's drawings

CAPITOLO 4

Parte 4.1

L'interrogatorio - The interrogation

Marco **è seduto**[1] in una stanza **grigia**[2] con le mani **appoggiate**[3] sul tavolo di metallo.

L'**ispettore**[4] interroga Marco per ore, ma la sua **versione dei fatti**[5] non cambia mai. "Ho trovato gli zii morti nella libreria, e Miriam **non era lì**[6]." ripete con calma.

Tuttavia[7], la sua voce è piena di preoccupazione. **Non riesce**[8] a capire cosa **sia successo**[9] a Miriam, e l'idea che **possa essere**[10] **ferita**[11], o **peggio**[12], **lo tormenta**[13].

L'ispettore lo osserva attentamente. "Capisce che la situazione è difficile, vero? Lei è l'unico erede del testamento e, **francamente**[14], **tutto questo**[15] sembra un po' troppo conveniente." dice, **sospettoso**[16].

Marco **sospira**[17]. "Non volevo l'eredità. Io **non farei mai del male**[18] a Mimmo o Carmela, erano come genitori per me." Cerca di **mantenere la calma**[19], ma si sente **sempre più frustrato**[20].

Sa che l'ispettore **non lo crede del tutto**[21], e dovrà rimanere in custodia della polizia fino alla mattina **seguente**[22].

Nel frattempo, Margherita è in un'altra stanza. La polizia cerca di interrogarla, ma la bambina **disegna**[23] su **fogli bianchi**[24] e dice solo una parola: Bianca.

"Pensi che Margherita **sappia**[25] qualcosa?" chiede uno degli agenti ad Alessandro.

"**Non lo so**[26], ma posso provare a **parlarle**[27]. Forse si sente più **a suo agio**[28] con qualcuno di famiglia." risponde Alessandro.

Alessandro entra nella stanza e si siede accanto alla sorella. **La osserva**[29] per un po', notando i suoi disegni. Sul foglio ci sono due cavalli, e **in mezzo a loro**[30], una donna. Al centro del disegno, una parola **scritta in grande**[31]: Terremoto[32].

"Margherita, che cosa significa questa parola?" chiede Alessandro con **dolcezza**[33].

"Bianca." risponde Margherita.

"*È il nome del fantasma del castello.*" pensa Alessandro, confuso.

Poi cerca di **interagire**[34] con la sorella ed indica i cavalli sul foglio: "Questi sono Stella e Fulmine, i cavalli di zia Carmela, vero?"

Alessandro studia la figura della donna al centro del disegno. Indossa un **vestito a fiori**[35], **proprio come**[36] il vestito preferito di sua madre, Miriam. "E questa è la mamma, vero?" chiede Alessandro.

Margherita **annuisce**[37] ma non dice altro. Alessandro sente che c'è **qualcosa di più**[38], qualcosa che Margherita non riesce a dire o ha paura di raccontare.

Con un **respiro profondo**[39], decide di non dire nulla alla polizia. Se Margherita sta disegnando qualcosa di importante, **allora**[40] è meglio che lui cerchi di capire **da solo**[41] cosa **stia succedendo**[42]. "Devo indagare da solo." pensa.

La polizia **rilascia**[43] Margherita, e **la affida**[44] al fratello maggiore. Ora **tocca**[45] ad Alessandro scoprire la verità.

Riassunto della storia

Marco viene interrogato dalla polizia, ma la sua versione non cambia. L'ispettore sospetta di Marco a causa dell'eredità. Nel frattempo, Margherita ripete solo il nome "Bianca" e disegna cavalli, Miriam e la parola "Terremoto". Alessandro decide di indagare da solo.

Summary of the story

Marco is interrogated by the police, but his version remains unchanged. The inspector suspects him because of the inheritance. Meanwhile, Margherita only repeats the name "Bianca" and draws horses, Miriam, and the word "Earthquake." Alessandro decides to investigate on his own.

Vocabulary

1 **è seduto**   (he) is sitting
2 **grigia**   gray
3 **appoggiate**   resting
4 **ispettore**   inspector
5 **versione dei fatti**   version of events
6 **non era lì**   (she) was not there
7 **tuttavia**   however
8 **non riesce**   (he) cannot

9 **sia successo** (what) has happened

10 **possa essere** (she) might be

11 **ferita** injured

12 **peggio** worse

13 **lo tormenta** (it) torments him

14 **francamente** frankly

15 **tutto questo** all this

16 **sospettoso** suspicious

17 **sospira** (he) sighs

18 **non farei mai del male** I would never harm

19 **mantenere la calma** to stay calm

20 **sempre più frustrato** increasingly frustrated

21 **non lo crede del tutto** (he) doesn't fully believe him

22 **seguente** following

23 **disegna** (she) draws

24 **fogli bianchi** blank sheets

25 **sappia** (she) knows

26 **non lo so** I don't know

27 **parlarle** to talk to her

28 **a suo agio** comfortable

29 **la osserva** (he) observes her

30 **in mezzo a loro** between them

31 **scritta in grande** written in large

32 **terremoto** earthquake

33 **dolcezza** sweetness

34 **interagire** to interact

35   **vestito a fiori**   floral dress

36   **proprio come**   just like

37   **annuisce**   (she) nods

38   **qualcosa di più**   something more

39   **respiro profondo**   deep breath

40   **allora**   then

41   **da solo**   by himself

42   **stia succedendo**   (what) is happening

43   **rilascia**   (it) releases

44   **la affida**   (it) entrusts her

45   **tocca**   it's up to

Domande a risposta multipla

1)   Secondo l'ispettore, la situazione è difficile perché:

a. Marco non cambia versione dei fatti.

b. Gli zii sono come genitori per Marco.

c. Marco è l'unico erede degli zii.

2)   Che parola ha scritto Margherita nel suo disegno?

a. Terremoto.

b. Bianca.

c. Miriam.

3) Secondo Alessandro, chi è la donna nel disegno di Margherita?

      a. La madre Miriam perché ha un vestito a fiori simile.

      b. La madre Miriam perché ama i cavalli.

      c. La zia Carmela perché ha un vestito a fiori simile.

Risposte

1) C

2) A

3) A

CAPITOLO 4

Parte 4.2

Le stalle - The stables

Alessandro non riesce a **togliersi dalla testa**[1] i disegni di Margherita. **Li stende**[2] sul tavolo in cucina **accanto**[3] alla mappa del castello, cercando un **collegamento**[4].

"**Mancano dei pezzi**[5]." **mormora**[6], **fissando**[7] le immagini.

Linda si avvicina con un caffè: "Ti ho portato **qualcosa da bere**[8] per **tirarti su il morale**[9]."

"Grazie mille! Prendi anche tu un caffè con me? Ho delle domande per te..." Alessandro vuole parlare con Linda del litigio tra i suoi genitori.

"Scusa, ma non mi piace **per niente**[10] il caffè...e poi devo andare a **pulire**[11], scusa..." risponde Linda e si allontana, imbarazzata. Indossa ancora pantaloni e camicia bianca. I capelli **raccolti in uno chignon**[12].

"*Che strano comportamento!*" pensa Alessandro, tornando a studiare i disegni.

Il disegno coi cavalli e la donna con il vestito a fiori è il più **dettagliato**[13], e il più **inquietante**[14].

"*Devo andare alle stalle.*" decide **all'improvviso**[15]. "*Forse lì troverò* **qualche indizio**[16]."

Arrivato alle stalle, Alessandro vede il giardiniere che **sistema**[17] i **ferri di cavallo**[18] sulla **parete destra**[19] e **spazza il pavimento**[20] in fretta con movimenti nervosi.

Il giardiniere **non si accorge**[21] di essere osservato.

"Buongiorno!" dice Alessandro con calma.

Il giardiniere **sobbalza**[22], **spaventato**[23]. "Buongiorno, signorino. Cosa **ci fai**[24] qui? Non eri dalla polizia?"

"Volevo prendere aria fresca." risponde Alessandro, con **aria**[25] **innocente**[25].

"Capisco. Signorino, per favore, non toccare nulla, specialmente i ferri di cavallo, **ho appena sistemato**[26] tutto. Arrivederci!" dice il giardiniere con tono serio e si allontana velocemente.

"Arrivederci!" saluta Alessandro, ma pensa **insospettito**[27]: "*C'è qualcosa di strano nel* **comportamento**[28] *del giardiniere.*"

Si guarda intorno[29] per trovare indizi, ma non nota **nulla di strano**[30] **a prima vista**[31].

Così[32] osserva attentamente un altro disegno di Margherita. È pieno di **linee**[33] nere e rosse **disegnate**[34] con precisione.

"*Sembrano avere una logica... ma cosa significano? Forse percorsi o stanze*[35]?" si chiede. senza riuscire a **decifrare**[36] le linee.

Quando Alessandro torna al castello, un **poliziotto**[37] si avvicina al ragazzo: "Alessandro, continueremo le **ricerche**[38] di tua madre Miriam domani. L'unico indizio cha abbiamo trovato oggi **lungo**[39] il fiume è lo **scialle**[40] di Miriam, con alcune gocce di sangue."

Il poliziotto **mostra**[41] lo scialle **verde militare**[42] ad Alessandro e lui nota con sospetto che non è **bagnato**[43]. "*Quindi mamma non è caduta*[44] *nel fiume? E dove potrebbe essere*[45] *il suo corpo?*"

Riassunto della storia

Alessandro analizza i disegni di Margherita e nota dettagli interessanti. Quando Linda gli offre un caffè, si comporta di nuovo in modo strano. Alessandro decide di esplorare le stalle e il comportamento del giardiniere lo insospettisce.

Tornato al castello, la polizia gli mostra lo scialle insanguinato di Miriam, ma inspiegabilmente asciutto.

Summary of the story

Alessandro analyses Margherita's drawings and notices interesting details. When Linda offers him coffee, she behaves strangely again. He decides to explore the stables, and the gardener's behaviour raises his suspicions. Back at the castle, the police show him Miriam's bloodstained shawl, but it is inexplicably dry.

Vocabulary

1   **togliersi dalla testa**   to get out of his head
2   **li stende   (he)** spreads them
3   **accanto**   next to
4   **collegamento**   connection
5   **mancano dei pezzi**   pieces are missing
6   **mormora**   (he) murmurs
7   **fissando**   staring at
8   **qualcosa da bere**   something to drink
9   **tirarti su il morale**   to cheer you up
10   **per niente**   not at all
11   **pulire**   to clean
12   **raccolti in uno chignon**   gathered in a bun

13 **dettagliato** detailed

14 **inquietante** disturbing

15 **all'improvviso** suddenly

16 **qualche indizio** some clue

17 **sistema** (he) arranges

18 **ferri di cavallo** horseshoes

19 **parete destra** right wall

20 **spazza il pavimento** (he) sweeps the floor

21 **non si accorge** (he) doesn't notice

22 **sobbalza** (he) jumps

23 **spaventato** frightened

24 **ci fai** are you doing

25 **aria innocente** innocent air

26 **ho appena sistemato** I have just arranged

27 **insospettito** suspicious

28 **comportamento** behaviour

29 **si guarda intorno** (he) looks around

30 **nulla di strano** nothing strange

31 **a prima vista** at first sight

32 **così** so

33 **linee** lines

34 **disegnate** drawn

35 **percorsi o stanze** paths or rooms

36 **decifrare** to decipher

37 **poliziotto** policeman

38 **ricerche** searches

39 **lungo** along

40 **scialle** shawl

41 **mostra** (he) shows

42 **verde militare** military green

43 **bagnato** wet

44 **non è caduta** (she) didn't fall

45 **potrebbe essere** (she) could be

Domande a risposta multipla

1) Perché Linda rifiuta l'offerta di Alessandro di bere un caffè assieme?

   a. Perché deve pulire le tazze del caffè più tardi.

   b. Perché non le piace il caffè e deve lavorare.

   c. Perché è imbarazzata dall'offerta.

2) Che cosa sta sistemando il giardiniere nelle stalle?

   a. I ferri di cavallo sulla parete sinistra.

   b. Le piastrelle del pavimento.

   c. I ferri di cavallo sulla parete destra.

3) Alessandro pensa che la madre non sia caduta del fiume perché:

a. Lo scialle che la polizia ha trovato non è bagnato.

b. Ci sono gocce di sangue sulle scialle.

c. Lo scialle che la polizia ha trovato è verde militare.

Risposte

1) B

2) C

3) A

CAPITOLO 4

Parte 4.3

La foto di Bianca - Bianca's picture

Dopo cena, **tristi ed esausti**[1], Alessandro e Margherita vanno a dormire nella loro camera al castello. Margherita **si addormenta**[2] subito, ma Alessandro non riesce a **chiudere occhio**[3]. *"Sono sicuro che mamma non è morta."*

Si alza e prende la macchina fotografica della sorella dal suo **comodino**[4], curioso di vedere le foto. **Scorre**[5] lentamente le immagini: i cavalli, il vigneto, la festa... **finché**[6] una foto **lo colpisce**[7].

Nella fotografia ci sono zio Mimmo e zia Carmela che **sorseggiano**[8] limoncello seduti davanti al camino mentre Miriam dipinge il loro ritratto. Ma sullo **sfondo**[9], **quasi nascosta**[10], c'è una ragazza con pantaloni neri, camicia bianca e capelli raccolti in uno chignon. Porta una bottiglia di vino su un **vassoio**[11].

Alessandro **stringe**[12] la fotocamera. "*È Linda... ma non era nel salone degli ospiti con noi?*" si chiede, **pensieroso**[13].

Nella foto successiva ci sono i corpi di zio Mimmo e zia Carmela **a terra**[14]. La madre Miriam non c'è e sullo sfondo **compare**[15] una figura inquietante vestita con abiti antichi siciliani e con un **velo**[16] bianco **di fronte al viso**[17]. Sembra **sospesa**[18] sopra le altre persone. "*Ma è...un fantasma?*"

Continua a scorrere le foto. Ci sono immagini **scattate**[19] nel pomeriggio alle stalle. Nota che i ferri di cavallo nelle foto **erano posizionati**[20] sulla parete **opposta**[21] rispetto a dove[22] li ha visti oggi. "*Il giardiniere **li ha spostati**[23] a sinistra...**sta nascondendo**[24] qualcosa?*" si domanda.

Infine, arriva all'**ultima**[25] immagine. Questa è diversa. È una **foto di una fotografia**[26]. Mostra una donna giovane, vestita con un abito antico siciliano. I **boccoli scuri**[27] **cadono**[28] sul viso che è **parzialmente coperto**[29] da un velo bianco. Sotto la foto c'è una **scritta appena leggibile**[30]: "Bianca, 1963".

"*Bianca? Come il fantasma del castello?*" Ad Alessandro **vengono i brividi**[31] e si chiede confuso: "*Ma è vestita identica alla foto nella libreria del castello ed **assomiglia**[32] alla cameriera. **Come è possibile**[33]?*"

Si siede[34] sul letto, confuso. Ricorda che la macchina fotografica **era stata rubata**[35] sul treno e poi **restituita**[36] in modo misterioso.

"*Chi ha scattato questa foto? È stata Margherita, o è stato il ladro*[37] *della macchina fotografica?*"

Alessandro **scuote la testa**[38]. "*Devo parlare con papà... e devo scoprire chi è questa donna nella foto. È **davvero**[39] il fantasma di Bianca, o c'è **qualcos'altro dietro**[40]?*"

Con la foto **ancora**[41] sullo **schermo**[42] della macchina fotografica, Alessandro **si sdraia**[43] sul letto. I misteri **si moltiplicano**[44] e la verità sembra sempre più **lontana**[45].

Riassunto della storia

Alessandro non riesce a dormire così esamina le foto nella macchina fotografica di Margherita. Scopre dettagli inquietanti: Linda appare in due luoghi contemporaneamente, i ferri nelle stalle sono stati spostati dal giardiniere e una figura velata compare accanto ai corpi degli zii. L'ultima foto è una fotografia di una donna identica alla figura con il velo, con la scritta *Bianca, 1963*. Confuso, Alessandro si chiede se sia davvero il fantasma di Bianca.

Summary of the story

Alessandro can't sleep, so he examines the photos on Margherita's camera. He discovers unsettling details: Linda appears in two places at the same time, the horseshoes in the stables were moved by the gardener, and a veiled figure is seen near the bodies of his uncle and aunt. The last photo is of another photo of a woman identical to the veiled figure, with the inscription *Bianca, 1963*. Confused, Alessandro wonders if it is really Bianca's ghost.

Vocabulary

1 **tristi ed esausti** sad and exhausted
2 **si addormenta** (she) falls asleep
3 **chiudere occhio** to close an eye (to sleep)
4 **comodino** nightstand
5 **scorre** (he) scrolls through
6 **finché** until
7 **lo colpisce** (it) strikes him
8 **sorseggiano** they sip
9 **sfondo** background
10 **quasi nascosta** almost hidden
11 **vassoio** tray
12 **stringe** (he) squeezes
13 **pensieroso** thoughtful

14 **a terra** on the ground

15 **compare** (a figure, person) appears

16 **velo** veil

17 **di fronte al viso** in front of her face

18 **sospesa** suspended

19 **scattate** taken

20 **erano posizionati** they were positioned

21 **opposta** opposite

22 **rispetto a dove** compared to where

23 **li ha spostati** (he) has moved them

24 **sta nascondendo** (he) is hiding

25 **ultima** last

26 **foto di una fotografia** photo of a photograph

27 **boccoli scuri** dark curls

28 **cadono** they fall

29 **parzialmente coperto** partially covered

30 **scritta appena leggibile** barely readable writing

31 **vengono i brividi** (he) gets chills

32 **assomiglia** (she) resembles, looks like

33 **come è possibile** how is it possible

34 **si siede** (he) sits

35 **era stata rubata** (it) had been stolen

36 **restituita** returned

37 **ladro** thief

38 **scuote la testa** (he) shakes his head

39 **davvero** really

40 **qualcos'altro dietro** something else behind

41 **ancora** still

42 **schermo** screen

43 **si sdraia** (he) lies down

44 **si moltiplicano** they multiply

45 **lontana** distant

Domande a risposta multipla

1) Perché Alessandro è confuso dalla foto con la cameriera?

    a. Perché è vestita in modo elegante.

    b. Perché era nel salone degli ospiti allo stesso tempo.

    c. Perché ha un vassoio con bicchieri di vino.

2) Secondo Alessandro, il giardiniere nasconde qualcosa perché:

    a. Ha sistemato i ferri di cavallo sulla parete opposta al giorno prima.

    b. I ferri di cavallo che ha sistemato sono sulla destra.

    c. Il giardiniere appare con un velo nella foto.

3) Chi ha scattato la foto della fotografia della donna con il velo?

a. Margherita in treno.

b. Il ladro sul treno.

c. Non si sa ancora.

Risposte

1) **B**

2) **A**

3) **C**

Il funerale - The funeral

CAPITOLO 5

Parte 5.1

L'obitorio - The morgue

Marco **viene rilasciato**[1] dalla polizia la mattina seguente, per **mancanza di prove**[2] per la morte degli zii e la scomparsa di Miriam.

Dopo che il dottore ha confermato la morte degli zii **per infarto**[3], Marco si incontra con Don Carlo e il giardiniere Giuseppe per organizzare il **funerale**[4] degli zii.

Nel **fine settimana**[5] c'è la **Domenica delle Palme**[6], una **ricorrenza**[7] religiosa molto importante prima di **Pasqua**[8].

Quindi[9], il giardiniere suggerisce di fare il funerale in settimana, **solo**[10] due giorni dopo la morte degli zii, e **si offre di occuparsi**[11] del trasporto all'**obitorio**[12] e dell'**imbalsamatura**[13]. Marco, **d'accordo**[14], accetta la **proposta**[15].

La mattina del funerale, Marco, Alessandro e Margherita entrano nella sala fredda dell'obitorio per salutare gli zii per l'**ultima volta**[16], prima che le **bare**[17] **vengano chiuse**[18].

L'atmosfera è fredda e silenziosa. Marco ed Alessandro si avvicinano ai corpi degli zii, vestiti con abiti siciliani tradizionali, mentre Margherita rimane alla porta, con un'espressione distante.

"*Deve essere molto* **scioccante**[19] *per Margherita vedere i corpi* **senza vita**[20] *degli zii.*" pensa Alessandro.

Poi tocca le mani degli zii e nota che sono fredde, ma **insolitamente morbide**[21] e **coperte**[22] di una **polvere**[23] bianca.

Perplesso[24], chiede a Giuseppe: "È normale che le mani degli zii non siano rigide e siano colorate di bianco?" Alessandro mostra al giardiniere le sue **dita sporche**[25] di bianco.

Giuseppe sorride, **nervosamente**[26]. "Sì, è tutto normale. Non ti preoccupare, **giovanotto**[27]. È una procedura standard. **Fa parte**[28] dell'imbalsamatura."

Alessandro annuisce, ma qualcosa **non lo convince**[29]. Così continua ad esaminare i corpi degli zii e nota un dettaglio strano: il **naso**[30] e la **bocca**[31] non sono stati **sigillati**[32] con **cotone**[33] o adesivo. Con un dito sente **uscire un filo d'aria**[34] dal naso di zio Mimmo.

"Alessandro, per favore, non avvicinarti troppo ai corpi degli zii." Giuseppe **allontana**[35] Alessandro dagli zii con una mano. "Il processo di imbalsamazione non è **ancora terminato**[36], i corpi stanno ancora **rilasciando**[37] gas…"

"Capisco." dice Alessandro, ma non è **del tutto convinto**[38].

Dopo aver salutato gli zii per l'ultima volta, Marco, Alessandro e Margherita escono dall'obitorio.

Margherita mantiene un'espressione assente, mentre Marco **si appoggia**[39] al suo **bastone**[40], silenzioso. Alessandro, invece, **non smette**[41] di pensare alle mani morbide degli zii, al naso e alla bocca non sigillate, ed al comportamento nervoso di Giuseppe.

"Papà." sussurra Alessandro mentre camminano verso l'**uscita**[42]. "C'è qualcosa che **non quadra**[43]. Giuseppe nasconde qualcosa, sono sicuro."

Marco annuisce, pensieroso. "**Stiamo attenti**[44], Alessandro. Non voglio **fare accuse**[45] senza prove, ma **tieni gli occhi aperti**[46]."

Riassunto della storia

Marco viene rilasciato dalla polizia per mancanza di prove e organizza il funerale degli zii con Don Carlo e Giuseppe. Durante l'ultimo saluto all'obitorio, Alessandro nota strani dettagli: le mani morbide degli zii, una polvere bianca sulle loro dita e un filo d'aria dal naso di zio Mimmo. Giuseppe giustifica tutto con il processo di imbalsamazione, ma Alessandro sospetta di Giuseppe e del suo comportamento nervoso.

Summary of the story

Marco is released by the police due to lack of evidence and organises his uncles' funeral with Don Carlo and Giuseppe. During the final farewell at the morgue, Alessandro notices strange details: the uncles' soft hands, a white powder on their fingers, and a faint breath of air from Uncle Mimmo's nose. Giuseppe explains it as part of the embalming process, but Alessandro grows suspicious of him and his nervous behavior.

Vocabulary

1   **viene rilasciato**   (he) is released
2   **mancanza di prove**   lack of evidence
3   **per infarto**   from heart attack

4 **funerale** funeral

5 **fine settimana** weekend

6 **Domenica delle Palme** Easter Sunday

7 **ricorrenza** commemoration

8 **Pasqua** Easter

9 **quindi** therefore

10 **solo** only

11 **si offre di occuparsi** (he) offers to take care of

12 **obitorio** morgue

13 **imbalsamatura** embalming

14 **d'accordo** in agreement

15 **proposta** proposal

16 **ultima volta** last time

17 **bare** coffins

18 **vengano chiuse** they are closed

19 **scioccante** shocking

20 **senza vita** lifeless

21 **insolitamente morbide** unusually soft

22 **coperte** covered

23 **polvere** powder

24 **perplesso** perplexed

25 **dita sporche** dirty fingers

26 **nervosamente** nervously

27 **giovanotto** young man

28 **fa parte** (it) is part

29 **non lo convince** (it) doesn't convince him

30 **naso** nose

31 **bocca** mouth

32 **sigillati** sealed

33 **cotone** cotton

34 **uscire un filo d'aria** a thread of air coming out

35 **allontana** (he) moves (Alessandro) away

36 **ancora terminato** not yet finished

37 **rilasciando** releasing

38 **del tutto convinto** completely convinced

39 **si appoggia** (he) leans on

40 **bastone** white cane

41 **non smette** (he) doesn't stop

42 **uscita** exit

43 **non quadra** (it) doesn't add up

44 **stiamo attenti** let's be careful

45 **fare accuse** to make accusations

46 **tieni gli occhi aperti** keep your eyes open

Domande a risposta multipla

1) Marco, Don Carlo e Giuseppe organizzano il funerale degli zii in settimana solo due giorni dopo la loro morte perché:

a. I corpi devono essere imbalsamati.

b. È Pasqua, una ricorrenza religiosa importante.

c. C'è la Domenica delle Palme nel fine settimana.

2) Come sono le mani degli zii al tatto?

    a. Sono morbide e fredde.

    b. Sono rigide e fredde.

    c. Sono colorate di blu.

3) Secondo Giuseppe, i corpi degli zii:

    a. Stanno ancora rilasciando gas.

    b. Devono essere sigillati con adesivo.

    c. Hanno un'espressione distante.

Risposte

1) C

2) A

3) A

CAPITOLO 5

Parte 5.2

La donna sconosciuta - The stranger woman

Durante il funerale la **chiesa**[1] è piena di persone **vestite di nero**[2] **a lutto**[3]. Tutto il paese **si è riunito**[4] per dare l'ultimo saluto a zio Mimmo e zia Carmela.

Marco, Alessandro e Margherita siedono **in prima fila**[5], in silenzio. Margherita **tiene stretta**[6] la mano del padre, mentre Alessandro osserva ogni dettaglio con attenzione.

Don Carlo inizia l'**omelia**[7] con voce solenne. "Oggi onoriamo la memoria di Mimmo e Carmela, che hanno dedicato la loro vita a questa comunità **come se fosse**[8] la loro famiglia. Ma **riflettiamo**[9]: cosa significa veramente la famiglia?"

La sua voce **si fa più intensa**[10]. "Di solito i **legami di sangue**[11] **ci uniscono**[12], ma a volte **ci dividono**[13]. Ci sono figli che non conoscono i loro padri, padri che **non riconoscono**[14] i loro figli... A volte per **scelta**[15], **paura**[16] o **vergogna**[17]. E **in quel vuoto**[18], **chi rimane**[19] si sente abbandonato."

Alessandro sussurra a Marco. "Papà, **a cosa si riferisce**[20] Don Carlo? Sembra accusare gli zii di qualcosa." Ma Marco **fa**[10] **cenno**[21] di stare in silenzio.

Don Carlo poi conclude: "**Anche se**[22] ora noi, figli di questa comunità, ci sentiamo soli per la morte di Mimmo e Carmela, il Signore **non ci abbandona mai**[23]. Lui conosce ogni **cuore**[24], ogni segreto. **Preghiamo**[25] **affinché**[26] le loro **anime**[27] trovino **pace**[28]."

Terminata la **messa**[29], tutto il paese cammina verso il cimitero per la **sepoltura**[30].

Alessandro, **però**[31], nota una donna vestita come una **suora**[32], con un velo davanti al volto. Quando pensa di **non essere osservata**[33], si avvicina all'**altare**[34] della chiesa e lascia una lettera **lì sopra**[35].

Quando la donna si allontana, Alessandro apre la lettera e legge:

"Non puoi **sfuggire**[36] alla **verità**[37]. Le tue azioni **porteranno conseguenze**[38], perché, **prima o poi**[39], **ogni nodo viene al pettine**[40].

Sai che **non potrò**[41] rimanere in silenzio. Presto parlerò con **chi merita**[42] di sapere tutta la verità.

Ricorda che non tutti sono **colpevoli**[43] delle tue **sofferenze**[44]: lui **non ha mai saputo**[45] della tua esistenza.

Mamma

(Via Dante Alighieri, 90 alle 20:00 stasera)"

Alessandro scatta una foto della lettera, **la rimette**[46] al **suo posto**[47] e **raggiunge**[48] Marco.

"Papà, ho trovato qualcosa di importante." sussurra. "Ricordi il **discorso**[49] di Don Carlo? **Parlava di sé stesso**[50]. E questa lettera **lo lega**[51] a zio Mimmo. Non so **ancora**[52] come."

Alessandro legge la lettera a Marco e lui annuisce. "Che mistero! Dobbiamo scoprire chi è questa donna. Questa sera **andremo**[53] all'indirizzo nella lettera **senza farci vedere**[54]."

Riassunto della storia

Durante il funerale, il discorso di Don Carlo su legami familiari e segreti suscita dei dubbi in Alessandro. Alessandro poi nota una donna velata lasciare una lettera sull'altare. Leggendola, scopre che rivela una verità

nascosta legata a Don Carlo e zio Mimmo. Insieme al padre, decide di indagare.

Summary of the story

During the funeral, Don Carlo's speech about family ties and secrets raises doubts in Alessandro. He then notices a veiled woman leaving a letter on the altar. Reading it, he discovers a hidden truth linked to Don Carlo and Uncle Mimmo. Together with his father, he decides to investigate.

Vocabulary

1 ` **chiesa**   church
2   **vestite di nero**   dressed in black
3   **a lutto**   in mourning
4   **si è riunito**   (it) has gathered
5   **in prima fila**   in the front row
6   **tiene stretta**   (she) holds tightly
7   **omelia**   homily
8   **come se fosse**   as if it were
9   **riflettiamo**   let us think about it
10   **si fa più intensa**   (it) becomes more intense
11   **legami di sangue**   blood ties
12   **ci uniscono**   they unite us
13   **ci dividono**   they divide us

14 **non riconoscono** they do not recognise

15 **scelta** choice

16 **paura** fear

17 **vergogna** shame

18 **in quel vuoto** in that void

19 **chi rimane** who remains

20 **a cosa si riferisce** what is (he) referring to

21 **fa cenno** (he) gestures

22 **anche se** even if

23 **il Signore non ci abbandona mai** the Lord (God) never abandons us

24 **cuore** heart

25 **preghiamo** let us pray

26 **affinché** so that

27 **anime** souls

28 **pace** peace

29 **messa** mass

30 **sepoltura** burial

31 **però** however

32 **suora** nun

33 **non essere osservata** not being observed

34 **altare** altar

35 **lì sopra** on top of it

36 **sfuggire** (you can not) escape

37 **verità** truth

38 **porteranno conseguenze** they will bring consequences

39 **prima o poi** sooner or later

40 **ogni nodo viene al pettine** comes to the comb (idiom: truth will come out)

41 **non potrò** I will not be able to

42 **chi merita** who deserves

43 **colpevoli** guilty

44 **sofferenze** sufferings

45 **non ha mai saputo** (he) never knew

46 **la rimette** (he) puts it back

47 **suo posto** its place

48 **raggiunge** (he) reaches

49 **discorso** speech

50 **parlava di sé stesso** (he) was talking about himself

51 **lo lega** (it) connects him

52 **ancora** yet

53 **andremo** we will go

54 **senza farci vedere** without being seen

Domande a risposta multipla

1) A cosa paragona Don Carlo la comunità del paese?

    a. Alla famiglia di Mimmo e Carmela.

    b. Alle anime di Mimmo e Carmela.

    c. Ad una grande aziende familiare.

2) Cosa significa l'espressione 'Tutti i nodi vengono al pettine'?

    a. Tutti i problemi irrisolti prima o poi ritornano.

    b. Bisogna avere pazienza e aspettare il momento giusto per agire.

    c. Le difficoltà si risolvono da sole con il tempo.

3) Alessandro pensa che la lettera della donna sconosciuta:

    a. Non abbia senso e decide di buttarla.

    b. Sia falsa e decide di indagare.

    c. Leghi Don Carlo a zio Mimmo.

Risposte

1) A

2) A

3) C

CAPITOLO 5

Parte 5.3

L'incendio - The fire

Al **tramonto**[1], Alessandro e Marco **si dirigono**[2] verso l'**indirizzo**[3] nella lettera, che appartiene al **fornaio**[4] del **paese**[5].

Lasciano Margherita al castello e camminano verso il **panificio**[6], **sperando**[7] di **scoprire**[8] di più sulla donna misteriosa e sul suo **legame**[9] con zio Mimmo e Don Carlo.

Mentre si avvicinano, Alessandro **si ferma**[10] **improvvisamente**[11]. "Papà, **senti**[12] anche tu **odore di bruciato**[13]?"

Marco **annusa**[14] l'aria. "Sì, è **fumo**[15]. Qualcosa **sta bruciando**[16]."

Alessandro guarda in direzione del panificio e vede le **fiamme**[17] **avvolgere**[18] l'**edificio**[19]. "Papà, c'è un **incendio**[20]!" grida, correndo verso il negozio.

Sentono delle **urla**[21] **provenire**[22] dal **retro**[23] del panificio. Alessandro urla a sua volta: "Qualcuno **ha bisogno**[24] di aiuto! Dobbiamo **salvarlo**[25]!" e corre verso il retro.

Marco segue Alessandro con il bastone **a fatica**[26].

Il fumo è **denso**[27] e l'aria è **caldissima**[28]. Trovano il fornaio **a terra**[29], fuori dal negozio. **Respira**[30] a fatica e sembra **confuso**[31].

Alessandro **si inginocchia**[32] **accanto**[33] a lui e cerca di farlo parlare. "Chi ha fatto questo? Perché?"

Il fornaio cerca di dire qualcosa. La sua voce è **debole**[34]. "Maria... non è **vergine**[35]... Don Carlo...Oh Dio.... **la perdoni**[36]..." Poi chiude gli occhi e rimane **immobile**[37].

Alessandro sente un **rumore**[38] di **motore**[39], **si alza**[40] **di scatto**[41] e vede un'Ape Piaggio azzurra che **si allontana**[42] **velocemente**[43]. Dentro c'è un uomo, ma non riesce a vedere il suo **volto**[44].

"Papà, qualcuno **sta scappando**[45]!" urla Alessandro. "Forse è il **responsabile**[46]."

Marco **annuisce**[47], ma **dichiara**[48]: "Non c'è tempo, Alessandro. **chiamiamo**[49] subito l'**ambulanza**[50] e la **polizia**[51]. Questo incendio **non è un caso**[52]. C'è **qualcosa**[53] di più grande **dietro**[54] tutto questo."

La **mattina seguente**[55], dopo la **notte**[56] alla **stazione**[57] della polizia, Marco e Alessandro tornano al castello, **esausti**[58].

Mentre passano vicino alle **stalle**[59], vedono un'Ape Piaggio azzurra **parcheggiata**[60] fuori. Alessandro sussurra al padre: "Che **coincidenza**[61]! C'è un'Ape Piaggio uguale a quella che ho visto ieri sera vicino al fornaio."

"Sei sicuro, Alessandro? E di chi potrebbe essere? Del **giardiniere**[62] Giuseppe?" chiede il padre.

In quel momento, il giardiniere esce dalle stalle con aria **preoccupata**[63]: "Avete parlato con la **cuoca**[64] stamattina? Apparentemente, c'è stato un incendio in paese ed il fornaio è in **gravi condizioni**[65] all'**ospedale**[66]."

"Sì, eravamo presenti purtroppo." annuisce Marco.

"Oh, non sapevo...che coincidenza..." dice Giuseppe **impacciato**[67]. Poi aggiunge: " Allora sapete anche che hanno ritrovato anche un **corpo**[68] di donna, **carbonizzato**[69] ed **irriconoscibile**[70]? Dall'**analisi**[71] della **dentatura**[72], il **dottore**[73] ha **confermato**[74] che la donna è Maria, la figlia del fornaio. Povera famiglia!"

Riassunto della storia

Alessandro e Marco raggiungono il panificio indicato nella lettera, ma lo trovano in fiamme. Salvano il fornaio, che sussurra parole misteriose prima di perdere conoscenza. Alessandro vede un'Ape Piaggio azzurra fuggire. Il giorno dopo, vedono un'Ape Piaggio simile parcheggiata vicino alle stalle, e il giardiniere Giuseppe si mostra nervoso. Li informa che è stato ritrovato un corpo carbonizzato che appartiene a Maria, la figlia del fornaio.

Summary of the story

Alessandro and Marco reach the bakery mentioned in the letter, but find it in flames. They rescue the baker, who whispers mysterious words before losing consciousness. Alessandro sees a blue Ape Piaggio speeding away. The next day, they spot a similar Ape Piaggio parked near the stables, and the gardener Giuseppe appears nervous. He informs them that a charred body was found, belonging to Maria, the baker's daughter.

Vocabulary

1 **tramonto** sunset
2 **si dirigono** they head towards

3   **indirizzo**   address

4   **fornaio**   baker

5   **paese**   town

6   **panificio**   bakery

7   **sperando**   hoping

8   **scoprire**   to discover

9   **legame**   connection

10   **si ferma**   (he) stops

11   **improvvisamente**   suddenly

12   **senti**   do you smell

13   **odore di bruciato**   smell of burning

14   **annusa**   (he) sniffs

15   **fumo**   smoke

16   **sta bruciando**   (it) is burning

17   **fiamme**   flames

18   **avvolgere**   enveloping

19   **edificio**   building

20   **incendio**   fire

21   **urla**   screams

22   **provenire**   they come from

23   **retro**   back

24   **ha bisogno**   (someone) needs

25   **salvarlo**   (we need to) save him

26   **a fatica**   with difficulty

27   **denso**   dense

28   **caldissima**   very hot

29	**a terra**	on the ground
30	**respira**	(he) breaths
31	**confuso**	confused
32	**si inginocchia**	(he) kneels
33	**accanto**	next to
34	**debole**	weak
35	**vergine**	virgin
36	**la perdoni**	forgive her
37	**immobile**	motionless
38	**rumore**	noise
39	**motore**	engine
40	**si alza**	(he) stands up
41	**di scatto**	all of a sudden
42	**si allontana**	(it) moves away
43	**velocemente**	quickly
44	**volto**	face
45	**sta scappando**	(someone) is escaping
46	**responsabile**	responsible
47	**annuisce**	(he) nods
48	**dichiara**	(he) declares
49	**chiamiamo**	let's call
50	**ambulanza**	ambulance
51	**polizia**	police
52	**non è un caso**	(it) is not a coincidence
53	**qualcosa**	something
54	**dietro**	behind

55 **mattina seguente** following morning

56 **notte** night

57 **stazione** (police) station

58 **esausti** exhausted

59 **stalle** stables

60 **parcheggiata** parked

61 **coincidenza** coincidence

62 **giardiniere** gardener

63 **preoccupata** worried

64 **cuoca** cook, chef (f.)

65 **gravi condizioni** serious condition

66 **ospedale** hospital

67 **impacciato** awkward

68 **corpo** body

69 **carbonizzato** charred

70 **irriconoscibile** unrecognisable

71 **analisi** analysis

72 **dentatura** teeth

73 **dottore** doctor

74 **ha confermato** (he) has confirmed

Domande a risposta multipla

1) Da dove provengono le urla d'aiuto al panificio?

    a. Dalla porta d'ingresso.

    b. Dal retro del negozio.

    c. Dall'Ape Piaggio.

2) Di che colore è l'Ape Piaggio e chi c'è dentro?

    a. L'Ape è blu e c'è una donna dentro.

    b. L'Ape è azzurra e c'è un uomo dentro.

    c. L'Ape è rossa e ci sono il fornaio e Maria dentro.

3) Chi ha informato Giuseppe dell'incendio del panificio?

    a. La cuoca.

    b. Il fornaio.

    c. Maria, la figlia del fornaio.

Risposte

1) **B**
2) **B**
3) **A**

La leggenda di Bianca - Bianca's legend

CAPITOLO 6

Parte 6.1

La cuoca - The chef

La mattina seguente, Marco e Alessandro, **ancora scossi**[1] dagli eventi della sera prima, **si chiudono**[2] nella libreria mentre Margherita dorme.

Sul tavolo ci sono la foto del **presunto**[3] fantasma di Bianca, i disegni di Margherita, la mappa del castello e la lettera **misteriosa**[4] trovata in chiesa.

La **notizia**[5] della morte di Maria è stata veramente un **brutto colpo**[6] per loro.

"Tutto **sembra collegato**[7], ma c'è qualcosa che **non quadra**[8]." dice Alessandro, studiando la mappa. "Maria **poteva avere**[9] le **risposte**[10] che cerchiamo."

Verso sera, la cuoca Barbara bussa alla porta con un vassoio di biscotti e caffè. **Sussurrando**[11], dice: "Signor Marco, **posso parlarvi**[12]? È importante, **riguarda**[13] Don Carlo."

Marco annuisce, **invitandola**[14] a sedersi. Barbara, visibilmente nervosa, **inspira profondamente**[15]: "Donna Carmela **mi confidava**[16] spesso le sue **paure**[17]. Diceva che il fantasma di Bianca voleva **farle del male**[18] perché non aveva figli. Don Carlo **l'ha convinta**[19] che le **anime**[20] delle persone **morte brutalmente**[21] hanno bisogno di **essere riappacificate**[22]. Secondo lui, il fantasma di Bianca ha bisogno di un erede per trovare pace. Così **ha suggerito**[23] a Carmela di lasciare il castello a lui come rappresentante della chiesa **siccome**[24] Carmela e Mimmo non hanno figli."

Marco e Alessandro **si scambiano uno sguardo**[25]. "Quindi Don Carlo voleva **manipolare**[26] zia Carmela per ottenere il castello?" chiede Alessandro.

Barbara annuisce. "**Ebbene sì**[27]. Carmela stava considerando di **stipulare**[28] un **testamento**[29] in favore di Don Carlo...Ma con Zio Mimmo, ha deciso di lasciare l'eredità a te, Marco. **Menomale**[30]!"

Alessandro **mostra**[31] alla cuoca la foto della giovane donna davanti al castello con la scritta 'Bianca'. "**Conosci**[32] questa donna?"

Barbara **la guarda**[33] attentamente e sussurra: "Maria, la figlia del fornaio. **Era così bella**[34]. Nessuno **ha mai capito**[35] perché è diventata **suora**[36] **di punto in bianco**[37]."

In quel momento, la porta si apre **di colpo**[38]. Linda, la cameriera, entra con un **aspirapolvere**[39] e musica alta nelle **cuffie**[40]. Indossa una gonna corta e ha i capelli mossi. Ballando, **non nota subito**[41] la loro presenza.

"Oh, scusate!" dice Linda, ridendo.

"Stiamo prendendo un caffè." dice Alessandro. "Vuoi **unirti**[42]?"

"Adoro il caffè! Ma ora non posso." Linda declina l'invito. Poi **rimprovera**[43] la cuoca in modo **altezzoso**[44]: "**A proposito**[45], Barbara, non è ora di preparare pranzo?"

"Sì, certo. Vado subito." Barbara, nervosa, lascia la stanza **in fretta**[46].

"Che **scansafatiche**[47]!" commenta Linda ed **esce**[48] anche lei.

"Papà, c'è qualcosa di strano in Linda. Due giorni fa mi ha detto che odia il caffè ed ora ha detto che **le piace un** sacco[49]. E poi, cambia **abbigliamento**[50] e **capigliatura**[51] continuamente." dice Alessandro, pensieroso.

"È **senz'altro**[52] una ragazza **particolare**[53]. Andiamo a pranzare, Alessandro. Abbiamo bisogno di energie per risolvere questo mistero." suggerisce Marco.

Riassunto della storia

Marco e Alessandro analizzano gli indizi raccolti e riflettono sulla morte di Maria. La cuoca Barbara rivela che Don Carlo cercava di manipolare zia Carmela per ottenere il castello con la scusa del fantasma di Bianca. Intanto, la cameriera Linda continua a comportarsi in modo strano.

Summary of the story

Marco and Alessandro analyse the gathered clues and reflect on Maria's death. The cook, Barbara, reveals that Don Carlo tried to manipulate Aunt Carmela to obtain the castle using the excuse of Bianca's ghost. Meanwhile, the maid Linda continues to act strangely.

Vocabulary

1   **ancora scossi**   still shaken

2	**si chiudono**	they shut themselves
3	**presunto**	alleged
4	**misteriosa**	mysterious
5	**notizia**	news
6	**brutto colpo**	hard blow, though hit
7	**sembra collegato**	(it) seems connected
8	**non quadra**	(it) doesn't add up
9	**poteva avere**	(she) could have had
10	**risposte**	answers
11	**sussurrando**	whispering
12	**posso parlarvi**	can I speak to you
13	**riguarda**	(it) concerns
14	**invitandola**	inviting her
15	**inspira profondamente**	(she) inhales deeply
16	**mi confidava**	(she) confided to me
17	**paure**	fears
18	**farle del male**	(she wanted) to harm her
19	**l'ha convinta**	(he) has convinced her
20	**anime**	souls
21	essere riappacificate	to be reconciled
22	**essere riappacificate**	to be reconciled
23	**ha suggerito**	(he) suggested
24	**siccome**	since
25	**si scambiano uno sguardo**	they exchange a glance
26	**manipolare**	(he wanted) to manipulate
27	**ebbene sì**	yes, indeed

28	**stipulare**	to draw up
29	**testamento**	will
30	**menomale**	thank goodness
31	**mostra**	(he) shows
32	**conosci**	do you know
33	**la guarda**	(she) looks at her
34	**era così bella**	she was so beautiful
35	**ha mai capito**	(no one) has ever understood
36	**suora**	nun
37	**di punto in bianco**	out of the blue
38	**di colpo**	suddenly
39	**aspirapolvere**	vacuum cleaner
40	**cuffie**	headphones
41	**non nota subito**	(she) doesn't immediately notice
42	**unirti**	(do you want) to join us
43	**rimprovera**	(she) scolds
44	**altezzoso**	haughty
45	**a proposito**	by the way
46	**in fretta**	in a hurry
47	**scansafatiche**	slacker, lazybones
48	**esce**	(she) leaves
49	**le piace un sacco**	(she) likes it a lot
50	**abbigliamento**	clothing
51	**capigliatura**	hairstyle
52	**senz'altro**	without a doubt
53	**particolare**	peculiar

Domande a risposta multipla

1) Don Carlo suggerisce a zia Carmela di lasciare il castello eredità a lui come rappresentante della chiesa perché:

    a. Zio Mimmo vuole farle del male.

    b. Il fantasma di Bianca ha bisogno di un erede.

    c. I figli di zia Carmela non meritano l'eredità.

2) Perché Maria è diventata suora quando era molto giovane?

    a. Nessuno lo sa.

    b. Non voleva figli.

    c. Era affascinata dalla chiesa.

3) Cosa ha notato Alessandro osservando la cameriera Linda?

    a. Continua a cambiare modo di vestire e capigliatura.

    b. Continua a cambiare idea sulla morte degli zii.

    c. Le piace tantissimo il caffè.

Risposte

1) B
2) A
3) A

CAPITOLO 6

Parte 6.2

La minaccia - The threat

La giornata **passa veloce**[1] senza **ulteriori avvenimenti**[2]. Ma, **a notte fonda**[3] Marco si sveglia con una strana **sensazione**[4]. Sente un rumore ripetitivo, come una finestra che **sbatte**[5] per il vento.

Cammina nel **corridoio buio**[6] con il suo bastone, **seguendo**[7] il rumore che **lo porta**[8] alla libreria.

"C'è qualcuno qui?" chiede Marco nel silenzio.

Improvvisamente, una voce **spettrale**[9] **rompe**[10] il silenzio. "Finalmente sei qui, Marco."

Marco **diventa rigido**[11]. "Chi sei?"

"Sono Bianca." risponde la voce. "**Sono intrappolata**[12] in questo castello. Gli uomini come te sono tutti egoisti, come il mio **crudele marito**[13]."

Marco risponde: "Io **non ho fatto nulla**[14]! Cosa vuoi da me?"

La voce diventa più fredda. "Voglio **giustizia**[15]. Voglio che un **uomo puro**[16] erediti questo castello: Don Carlo. Devi lasciare tutto a Don Carlo. Se **non lo fai**[17], Miriam **morirà**[18]."

Marco **perde la calma**[19]: "Dove è Miriam? Cosa **le hai fatto**[20]?"

"Miriam è con me. **Rinuncia**[21] all'eredità, e potrai **rivederla viva**[22]." La voce risponde minacciosa. Poi la finestra si chiude e la stanza torna **di nuovo**[23] silenziosa.

"Aspetta! " grida Marco. Ma ormai la voce non risponde più.

Marco torna in camera, **ansimando**[24], e trova Alessandro **sveglio**[25]. "Papà, **che succede**[26]?"

"Il fantasma mi ha minacciato e Don Carlo **è coinvolto**[27]." dice Marco. "Tua madre è **in pericolo**[28]. Dobbiamo scoprire la verità. Ora dormiamo. **Ci servirà**[29] energia per i prossimi giorni."

Al mattino, trovano la cameriera Linda che **riordina**[30] la cucina. Libri di ricette **sono caduti**[31] dagli **scaffali**[32], una bottiglia di vino è **rotta in mille pezzi**[33], i **quadri**[34] sono **storti**[35].

"Possiamo aiutarti?" dice Alessandro, prendendo la **scopa**[36] in mano.

"Oh no, grazie.." risponde Linda, **pallida**[37]. "..**sono abituata**[38] al **casino**[39] che fa 'lei'."

"**Intendi**[40]….il fantasma di Bianca?" chiede Marco con **cautela**[41].

Linda non risponde, abbassa lo sguardo e **cambia discorso**[42]: "Preparo la colazione. Cosa bevete?"

"Ma la cuoca non c'è **stamattina**[43]?" ribatte Marco.

"**Si è sentita male**[44] ieri sera, povera Barbara, ed è tornata a casa sua per riposare." Linda sembra veramente **dispiaciuta**[45] per la cuoca. "Questa è per voi da Barbara." **consegna**[46] una **busta**[47] ad Alessandro prima di andare a cucinare.

Questa mattina Linda indossa pantaloni lunghi e camicia a maniche lunghe. I capelli **sono raccolti**[48] in uno chignon.

Alessandro sussurra a Marco: "**Te l'ho detto**[49], papà. Linda ha una **doppia**[50] personalità. **Non escludiamola**[51] dalla lista degli **indagati**[52]."

Riassunto della storia

Marco sente una voce spettrale nella libreria che si presenta come Bianca e lo minaccia: se non rinuncia all'eredità in favore di Don Carlo, Miriam morirà. Al mattino, in cucina, Linda si comporta in modo strano, mentre Barbara è misteriosamente assente.

Summary of the story

Marco hears a ghostly voice in the library identifying itself as Bianca, threatening him: if he doesn't renounce the inheritance in favour of Don Carlo, Miriam will die. In the morning, in the kitchen, Linda acts strangely, while Barbara is mysteriously absent.

Vocabulary

1   **passa veloce**   (it) passes quickly
2   **ulteriori avvenimenti**   further events
3   **a notte fonda**   late at night
4   **sensazione**   feeling
5   **sbatte**   (it) slams
6   **corridoio buio**   dark corridor
7   **seguendo**   following
8   **lo porta**   (it) leads him

9	**spettrale**	ghostly
10	**rompe**	(it) breaks
11	**diventa rigido**	(he) becomes stiff
12	**sono intrappolata**	I am trapped
13	**crudele marito**	cruel husband
14	**non ho fatto nulla**	I haven't done anything
15	**giustizia**	justice
16	**uomo puro**	pure man
17	**non lo fai**	you don't do it
18	**morirà**	(she) will die
19	**perde la calma**	(he) loses his temper
20	**le hai fatto**	have you done to her
21	**rinuncia**	give up
22	**rivederla viva**	(you will be able) to see her alive again
23	**di nuovo**	again
24	**ansimando**	panting
25	**sveglio**	awake
26	**che succede**	what's happening
27	**è coinvolto**	(he) is involved
28	**in pericolo**	in danger
29	**ci servirà**	we will need
30	**riordina**	(she) tidies up
31	**sono caduti**	they have fallen
32	**scaffali**	shelves
33	**rotta in mille pezzi**	broken into a thousand pieces
34	**quadri**	paintings

35 **storti** crooked

36 **scopa** broom

37 **pallida** pale

38 **sono abituata** I'm used to

39 **casino** mess

40 **intendi** you mean

41 **cautela** caution

42 **cambia discorso** (she) changes the subject

43 **stamattina** this morning

44 **si è sentita male** (she) felt ill

45 **dispiaciuta** sorry

46 **consegna** (she) delivers

47 **busta** envelope

48 **sono raccolti** they are gathered

49 **te l'ho detto** I've told you

50 **doppia** double

51 **non escludiamola** let's not exclude her

52 **indagati** suspects

Domande a risposta multipla

1) Cosa vuole il fantasma di Bianca da Marco?

   a. Che rinunci all'eredità in favore di Don Carlo.

   b. Che lasci l'eredità ad un uomo crudele.

   c. Che libri il fantasma di Bianca dalla maledizione.

2) A chi si riferisce Linda quando dice che è abituata al casino che fa 'lei'?

   a. Al fantasma di Bianca.

   b. Alla cuoca Barbara.

   c. Alla madre di Don Carlo.

3) Cosa consegna Linda ad Alessandro?

   a. Una busta dal fantasma di Bianca.

   b. Una busta da Barbara.

   c. Una scopa per pulire.

Risposte

1) A
2) A
3) B

CAPITOLO 6

Parte 6.3

L'alibi - The alibi

Dopo colazione, Marco e Alessandro ritornano nella libreria del castello, ma trovano tutti i documenti **in disordine**[1]. **Mancano**[2] alcuni disegni di Margherita.

Sul **tappeto**[3] ci sono **impronte di scarponi**[4]. "Sicuramente non è stato il fantasma." commenta Alessandro.

Poi Alessandro apre la busta **lasciata**[5] dalla cuoca Barbara. **All'interno**[6] trova un numero di telefono:

Monastero di Santa Marta

Suor[7] Giovanna tel. 055589089

"Quando zio Mimmo **è venuto a trovarci**[8] a Firenze ad inizio anno, **aveva insistito**[9] a visitare il Monastero di Santa Marta a Firenze per **salutare**[10] un'amica **monaca**[11]." **ricorda**[12] Marco.

Alessandro **chiama**[13] il numero: "**Pronto**[14]? Sono Alessandro, il nipote di Mimmo Bortolot...parlo con Suor Giovanna?"

Dopo **qualche istante**[15] di silenzio, **ecco**[16] una voce **femminile**[17]: "Chi ti ha dato questo numero?"

"La cuoca di zio Mimmo, Barbara. Gli zii sono morti e mia madre e Barbara sono **in pericolo**[18]. Puoi aiutarci?"

Dopo queste notizie, Suor Giovanna confessa **tutto quello che**[19] sa su zio Mimmo e Maria.

Alessandro **chiude la chiamata**[13] con un'espressione **seria**[21]: "Grazie Suor Giovanna! Tutto questo è **di grande aiuto**[22]!"

Poi **si rivolge**[23] a Marco: "Papà, al monastero zio Mimmo voleva vedere Maria, la figlia del fornaio. Suor Giovanna mi ha detto che Maria è diventata suora per **nascondere**[24] una **gravidanza**[25] e **ha cresciuto**[26] il figlio Carlo **lì al monastero**[27]."

Marco sembra **riflettere**[28]. "Le parole del fornaio **hanno senso**[29] ora. 'Maria non è vergine...'. **Facendo i calcoli**[30], Carlo è figlio di zio Mimmo!"

"E zio Mimmo **ha scoperto**[31] tutto durante la sua visita a Firenze. Suor Giovanna mi ha anche detto che Maria **è stata cacciata**[32] dal monastero dopo **essere rimasta di nuovo incinta**[33]. Nessuno sa dove **sia**[34] ora." **spiega**[35] Alessandro.

"Dobbiamo parlare con Don Carlo e **scoprire**[36] cosa sa." decide Marco.

Arrivati in chiesa, Don Carlo **li accoglie**[37] con un sorriso tranquillo. "Benvenuti. Come posso aiutarvi?"

"Don Carlo, sappiamo che zia Carmela **si confidava**[38] con Lei sulle sue paure per il fantasma di Bianca..." dice Marco con calma.

Don Carlo annuisce. "Capisco le vostre **preoccupazioni**[39], ma non so molto. Gli episodi sono iniziati due mesi prima del mio **arrivo**[40] in paese. Quando zia Carmela **mi ha chiesto aiuto**[41], **le ho consigliato**[42] di **pregare**[43] per Bianca per **liberare**[44] la sua **anima**[45]."

"E conosce Maria? La figlia del fornaio morta nell'incendio?" chiede Alessandro, diretto.

"Non **di persona**[46]. Povera donna! Quella notte **stavo dando l'estrema unzione a un anziano**[47] del paese e ho sentito l'ambulanza." risponde Don Carlo senza esitazione.

Don Carlo li invita poi alla processione della **Domenica delle Palme**[48]. "**Vi aspetto**[49] domani. Forse la preghiera **vi darà pace**[50]."

Usciti dalla chiesa, Alessandro sospira. "Don Carlo ha un alibi per il fantasma e per l'incendio. Non possiamo **accusarlo**[51] senza **prove**[52]. Dobbiamo indagare anche su Linda e sul giardiniere."

Riassunto della storia

Marco e Alessandro scoprono un numero di telefono nel messaggio lasciato da Barbara. Suor Giovanna rivela che Maria, la figlia del fornaio, era una suora e che Zio Mimmo ha scoperto di aver avuto un figlio, Don Carlo, da Maria. Interrogano Don Carlo, ma lui ha un alibi per il fantasma di Bianca e l'incendio del panificio.

Summary of the story

Marco and Alessandro discover a phone number in the message left by Barbara. Sister Giovanna reveals that Maria, the baker's daughter, was a nun and that Don Carlo is Uncle Mimmo's secret son. They question Don Carlo, but he has an alibi for Bianca's ghost and the bakery fire.

Vocabulary

1   **in disordine**   in disorder
2   **mancano**   (some drawings) are missing
3   **tappeto**   carpet
4   **impronte di scarponi**   boot prints

5   **lasciata**   left

6   **all'interno**   inside

7   **Suor**   Sister

8   **è venuto a trovarci**   (he) came to visit us

9   **aveva insistito**   (he) had insisted

10   **salutare**   to greet

11   **monaca**   nun

12   **ricorda**   (he) remembers

13   **chiama**   (he) calls

14   **pronto**   hello

15   **qualche istante**   a few moments

16   **ecco**   here is

17   **femminile**   feminine

18   **in pericolo**   in danger

19   **tutto quello che**   everything that

20   **chiude la chiamata**   (he) ends the call

21   **seria**   serious

22   **di grande aiuto**   of great help

23   **si rivolge**   (he) turns to

24   **nascondere**   to hide

25   **gravidanza**   pregnancy

26   **ha cresciuto**   (she) raised

27   **lì al monastero**   there at the monastery

28   **riflettere**   (he seems) to meditate

29   **hanno senso**   they make sense

30   **facendo i calcoli**   doing the math

31 **ha scoperto** (he) discovered

32 **è stata cacciata** (she) was expelled

33 **essere rimasta di nuovo incinta** having become
pregnant again

34 **sia** (she) is

35 **spiega** (he) explains

36 **scoprire** to discover

37 **li accoglie** (he) welcomes them

38 **si confidava** (she) confided

39 **preoccupazioni** concerns

40 **arrivo** arrival

41 **mi ha chiesto aiuto** (she) asked me for help

42 **le ho consigliato** I have suggested to her

43 **pregare** to pray

44 **liberare** to free

45 **anima** soul

46 **di persona** in person

47 **stavo dando l'estrema unzione a un anziano** I was
administering the last rites to an elderly man

48 **Domenica delle Palme** Easter Sunday

49 **vi aspetto** I'll wait for you

50 **vi darà pace** (it) will give you peace

51 **accusarlo** (we can not) accuse him

52 **prove** evidence

Domande a risposta multipla

1) Zio Mimmo ha visitato il Monastero di Santa Marta a Firenze:

   a. Per incontrare Don Carlo.

   b. Per confessare i suoi peccati.

   c. Per parlare con una sua amica monaca.

2) Perché Maria è diventata suora?

   a. Per nascondere di essere incinta di Don Carlo.

   b. Perché era molto credente.

   c. Per scappare dalla Sicilia.

3) Qual è l'alibi di Don Carlo durante la sera dell'incendio del panificio?

   a. Stava dando l'estrema unzione ad un anziano.

   b. Stava celebrando la messa.

   c. Era a Firenze per parlare con Maria.

Risposte

1) C
2) A
3) A

La domenica delle palme - Easter Sunday

CAPITOLO 7

PARTE 7.1

Gemelle - Twins

È la **Domenica delle Palme**[1], e Don Carlo guida la **processione**[2] per il paese, con una **croce di legno**[3] tra le mani.

Alessandro cammina tra la **folla di fedeli**[4] con le **foglie di palma intrecciate**[5] in mano come da tradizione. **Tiene d'occhio**[6] la cameriera che cammina **accanto**[7] a Don Carlo. Oggi è truccata, vestita elegante e coi capelli sciolti.

Siccome è **non vedente**[8], Marco, **invece**[9], ha deciso di restare in **chiesa**[10] con Margherita per **evitare**[11] di **rallentare**[12] la processione.

Durante la processione una **ragazza**[13] con il **volto coperto**[14] da un velo **lascia cadere**[15] un **biglietto**[16] tra la foglia di palma di Alessandro. Lui lo apre e legge:

"Confessionale. 10 minuti. Linda."

"Ma Linda è accanto a Don Carlo!" pensa confuso, ma decide di lasciare la processione e **raggiungere**[17] la chiesa.

All'interno[18] la **luce tremolante**[19] delle **candele**[20] crea un'atmosfera **inquietante**[21]. "Papà, Margherita, devo parlare con Linda **in segreto**[22] nel confessionale." Alessandro **avverte**[23] il padre e la sorella **seduti**[24] in **fondo**[25] alla chiesa.

"**Non ti preoccupare**[26], Alessandro." dice Marco. "**Vi avvertiamo**[27] se qualcuno arriva."

Alessandro **ringrazia**[28] il padre e **si chiude**[29] all'interno del confessionale. Una voce familiare sussurra: "Sono io, Linda. Non ho molto tempo."

"Linda, cosa sai sulla morte degli zii e su mia madre?" Alessandro **va dritto al punto**[30].

Tra i **singhiozzi**[31] Linda confessa: "Cristina e Don Carlo stanno manipolando tutto. Vogliono il castello e l'eredità. Io **non volevo fare del male**[32] a nessuno, ma Carlo **ci ha costrette**[33] a partecipare al suo piano, **altrimenti avrebbe ucciso**[34] il fornaio, mio nonno, e Maria, mia madre."

"Maria è tua madre?" Alessandro è ancora più confuso. "E chi è Cristina?"

"Mia madre Maria **è stata cacciata**[35] dal monastero dove è nato Carlo quando era **incinta**[36] di me e Cristina…siamo **gemelle**[37]." Linda rivela.

Alessandro **si illumina**[38]: "Gemelle! **Ma certo**[39]…siete così diverse. Tu sei semplice e timida, non hai **orecchini**[40], non ti piace il caffè mentre Cristina è truccata, elegante, **sfacciata**[41] e adora il caffè. Quindi tu e Cristina siete le **sorellastre**[42] di Don Carlo? "

Linda respira profondamente. "Carlo **ci ha convinte**[43] a **vendicarci contro**[44] Mimmo per **aver abbandonato**[45] nostra madre. Ma ho capito che era **tutto sbagliato**[46]. Non volevo fare male a nessuno."

"A chi hai fatto male? **Dimmi tutto**[47]!" Alessandro chiede esasperato.

"Tua madre è **al sicuro**[48]…" Linda **si interrompe bruscamente**[49]. **Passi pesanti**[50] si avvicinano.

Qualcuno cerca di aprire il confessionale. Alessandro e Linda **trattengono il respiro**[51].

Ma in quell'istante Marco si avvicina **all'intruso**[52]. "Giuseppe! Anche tu non partecipi alla processione?"

"Ah, non ti avevo visto, Marco!" risponde il giardiniere, sorpreso.

Riassunto della storia

Durante la processione della Domenica delle Palme, Alessandro riceve un biglietto da una donna velata: "Confessionale. 10 minuti. Linda." Confuso, raggiunge la chiesa, dove Linda gli confessa di avere una gemella, Cristina, ed entrambe sono sorellastre di Don Carlo. Carlo le ha manipolate per vendicarsi di zio Mimmo e ottenere il castello. Linda assicura che Miriam è viva, ma viene interrotta da passi che si avvicinano. Qualcuno prova ad aprire il confessionale, ma Marco ferma l'intruso: il giardiniere Giuseppe.

Summary of the story

During the Easter Sunday procession, Alessandro receives a note from a veiled woman: "Confessional. 10 minutes. Linda." Confused, he goes to the church, where Linda confesses that she has a twin, Cristina, and both are Don Carlo's half-sisters. Carlo manipulated them to take revenge on uncle Mimmo and seize the castle. Linda assures that Miriam is alive, but she is interrupted by approaching footsteps. Someone tries to open the confessional, but Marco stops the intruder: the gardener, Giuseppe.

Vocabulary

1   **Domenica delle Palme**   Easter Sunday

2   **processione**   procession

3   **croce di legno**   wooden cross

4   **folla di fedeli**   crowd of faithful / devoted

5   **foglie di palma intrecciate**   braided palm leaves

6   **tiene d'occhio**   (he) keeps an eye on

7   **accanto**   next to

8   **non vedente**   blind

9   **invece**   instead

10   **chiesa**   church

11   **evitare**   to avoid

12   **rallentare**   to slow down

13   **ragazza**   girl

14   **volto coperto**   covered face

15   **lascia cadere**   (she) drops

16   **biglietto**   note

17   **raggiungere**   to reach

18 **all'interno** inside

19 **luce tremolante** flickering light

20 **candele** candles

21 **inquietante** unsettling

22 **in segreto** in secret

23 **avverte** (he) warns

24 **seduti** seated

25 **fondo** back

26 **non ti preoccupare** don't worry

27 **vi avvertiamo** we'll warn you

28 **ringrazia** (he) thanks

29 **si chiude** (he) locks himself in

30 **va dritto al punto** (he) gets straight to the point

31 **singhiozzi** sobs

32 **non volevo fare del male** I didn't want to hurt

33 **ci ha costrette** (he) forced us

34 **altrimenti avrebbe ucciso** otherwise (he) would have killed

35 **è stata cacciata** (she) was expelled

36 **incinta** pregnant

37 **gemelle** twins

38 **si illumina** (he) lights up

39 **ma certo** of course

40 **orecchini** earrings

41 **sfacciata** brazen, cheeky

42 **sorellastre** stepsisters

43 **ci ha convinte** (he) convinced us

44 **vendicarci contro** to take revenge

45 **aver abbandonato** having abandoned

46 **tutto sbagliato** all wrong

47 **dimmi tutto** tell me everything

48 **al sicuro** safe

49 **si interrompe bruscamente** (she) interrupts abruptly

50 **passi pesanti** heavy steps

51 **trattengono il respiro** they hold their breath

52 **intruso** intruder

Domande a risposta multipla

1) Perché Marco decide di rimanere in chiesa con Margherita?

    a. Perché vuole controllare il giardiniere.

    b. Perché Margherita sta male.

    c. Perché Marco è non vedente.

2) Don Carlo vuole ereditare il castello:

    a. Per vendicarsi contro zio Mimmo che ha abbandonato la madre Maria.

    b. Per diventare ricco e non lavorare più.

c. Per vendicarsi contro la madre Maria che lo ha abbandonato alla nascita.

3) Cosa ha notato Alessandro osservando Linda e la gemella?

a. Che Linda è più bella di Cristina.

b. Che Linda è timida mentre Cristina è sfacciata.

c. Che Cristina beve più caffè di Linda.

Risposte

1) C

2) A

3) B

CAPITOLO 7

PARTE 7.2

La fiala di profumo - The perfume vial

"**Sto cercando....ehm**[1]....una foglia di palma per la processione..." **balbetta**[2] il giardiniere.

"**Ti do**[3] la mia foglia di palma, vieni! Non c'è problema." Marco **fa cenno**[4] al giardiniere di **seguirlo fuori**[5] dalla chiesa.

Quando Marco e Giuseppe si allontanano, Linda **sospira sollevata**[6]. "Giuseppe non mi piace...era fuori dal panificio quando io e mia madre **abbiamo dato fuoco**[7] al negozio per **incastrare**[8] Carlo..."

Alessandro è **esasperato**[9]. "**Dici che**[10] non vuoi fare del male, ma **hai ucciso**[10] tuo nonno quando **è bruciato**[11] il panificio! Come posso **fidarmi di te**[12]? **Da che parte stai**[13]?"

"**Fammi spiegare**[14], Alessandro!" Linda esclama. "Sto dalla parte della tua famiglia e voglio **aiutarvi**[15]. Ma devo **fare attenzione**[16]. Cristina **non si fida più di me**[17]."

Poi continua: "Carlo sta cercando di incastrare tuo padre Marco per la morte degli zii. Io e mia madre abbiamo deciso di **sabotare**[18] il piano di Carlo."

"Cosa intendi con 'sabotare'?" Alessandro domanda.

"**Ti ricordi**[19] il **furto**[20] della macchina fotografica sul treno per Palermo?" chiede Linda. "**Secondo il piano**[21] di Don Carlo, io **avevo il compito**[22] di **piantare**[23] una fiala di veleno nella valigia di tuo padre per incastrarlo della morte degli zii. Ma io e mia madre abbiamo deciso di **riempire**[24] la fiala con profumo."

"Ma chi **ha fatto scomparire**[25] la fiala dalla valigia? Mio padre **non l'ha più trovata**[26]." chiede Alessandro.

"**Non ne ho idea**[27]." risponde Linda. "So solamente che il giardiniere **ci stava inseguendo**[28] sul treno. Così abbiamo lasciato un **indizio**[29] alla tua famiglia nella macchina fotografica nel caso il nostro piano non avesse funzionato..."

"**Intendi**[30] la fotografia di tua madre Maria **da giovane**[31] con la scritta 'Bianca'?" chiede Alessandro.

"**Esatto**[32]! Mia madre **doveva apparire**[33] come fantasma di Bianca a Don Carlo durante il compleanno di zio Mimmo per **farlo spaventare**[34] e confessare il suo piano. Volevo spiegare tutto agli zii. **Purtroppo**[35], quando sono entrata in libreria **quella sera**[36], gli zii sono morti **davanti ai miei occhi**[37]...." Linda **piange di nuovo**[38].

"**Calmati**[39], Linda. **Ti credo**[40]." Alessandro consola Linda. "**Quindi**[41], chi ha ucciso gli zii?"

Linda abbassa lo sguardo. "**Nessuno**[42]! Sono morti di infarto **come ha detto**[43] il dottore. Don Carlo voleva **avvelenare**[44] il vino degli zii la sera del compleanno, ma io **ho tolto**[45] il veleno dal vino."

Alessandro è **visibilmente sconvolto**[46]. "Quindi non volevi ucciderli... ma **è successo lo stesso**[47]."

Riassunto della storia

Marco distrae Giuseppe e lo porta fuori dalla chiesa. Linda allora confessa ad Alessandro che Don Carlo voleva avvelenare gli zii e lei e la madre hanno sabotato il suo piano. Inizialmente, hanno sostituito il veleno nella fiala sul treno con profumo per proteggere Marco. Poi la madre Maria doveva comparire come fantasma a Don Carlo durante il compleanno dello zio Mimmo per fargli confessare il suo piano. Linda aveva il compito di rivelare la verità agli zii. Ma purtroppo gli zii sono morti di infarto.

Summary of the story

Marco distracts Giuseppe and takes him outside the church. Linda then confesses to Alessandro that Don Carlo wanted to poison the uncle and aunt, but she and her mother sabotaged his plan. First, they replaced the poison in the vial on the train with perfume to protect Marco. Then, her mother Maria was supposed to appear as a ghost to Don Carlo during uncle Mimmo's birthday to make him confess his plan. Linda was tasked with revealing the truth to the uncle, but unfortunately, they died of a heart attack.

Vocabulary

1 **sto cercando....ehm** I'm looking for...um
2 **balbetta** (he) stammers
3 **ti do** I'll give you
4 **fa cenno** (he) gestures
5 **seguirlo fuori** to follow him outside
6 **sospira sollevata** (she) sighs with relief
7 **abbiamo dato fuoco** we set fire
8 **incastrare** to frame
9 **esasperato** exasperated
10 **hai ucciso** you killed
11 **è bruciato** (the bakery) burned
12 **fidarmi di te** (how can I) trust you
13 **da che parte stai** which side are you on
14 **fammi spiegare** let me explain
15 **aiutarvi** (I want) to help you
16 **fare attenzione** (I must) be careful

17 **non si fida più di me**   (she) doesn't trust me anymore

18 **sabotare**   to sabotage

19 **ti ricordi**   do you remember

20 **furto**   theft

21 **secondo il piano**   according to the plan

22 **avevo il compito**   I had the task

23 **piantare**   to plant

24 **riempire**   to fill

25 **ha fatto scomparire**   (who) made disappear

26 **non l'ha più trovata**   (he) didn't find it anymore

27 **non ne ho idea**   I have no idea

28 **ci stava inseguendo**   (he) was following us

29 **indizio**   clue

30 **Intendi**   you mean

31 **da giovane**   when (she was) young

32 **esatto**   exactly

33 **doveva apparire**   (she) was supposed to appear

34 **farlo spaventare**   to scare him

35 **purtroppo**   unfortunately

36 **quella sera**   that evening

37 **davanti ai miei occhi**   before my eyes

38 **piange di nuovo**   (she) cries again

39 **calmati**   calm down

40 **ti credo**   I believe you

41 **quindi**   so

42 **nessuno**   nobody

43 **come ha detto** as (the doctor) said

44 **avvelenare** (he wanted) to poison

45 **ho tolto** I removed

46 **visibilmente sconvolto** visibly upset

47 **è successo lo stesso** it happened anyway

Domande a risposta multipla

1) Chi ha sostituito il veleno nella fiala con profumo?

   a. Maria e Cristina.

   b. Maria e Linda.

   c. Cristina e Don Carlo.

2) Qual era il piano di Maria e Linda per sabotare Don Carlo?

   a. Spaventarlo con il fantasma di Bianca.

   b. Avvelenarlo con vino avvelenato.

   c. Incendiare il panificio durante il compleanno.

3) Come sono morti gli zii?

   a. Per il veleno nel vino.

   b. Di infarto.

   c. Di paura.

Risposte

1) B

2) A

3) B

CAPITOLO 7

PARTE 7.3

La rivelazione - The revelation

Linda annuisce, con le lacrime agli occhi. "È stata **colpa mia**[1]. **Erano mesi**[2] che io e Cristina **spaventavamo**[3] gli zii con il fantasma di Bianca. **Il loro cuore non ha più retto**[4]. Non so come **rimediare**[5]."

"Aspetta, **non saltare a conclusioni**[6]." Alessandro cerca di calmare Linda. "Quindi **siete state voi**[7] a orchestrare la **comparsa**[8] del fantasma?"

"I tuoi zii **mi hanno assunto**[9] come cameriera, pensando che ero **orfana**[10]. Non sapevano che avevo una gemella." spiega Linda. "Io e Cristina abbiamo iniziato a **far comparire**[11] il fantasma di Bianca **a turno**[12], secondo il piano di Don Carlo. E **poi**[13], dopo due mesi Don Carlo è diventato parroco del paese."

"**Allora**[14] siete state voi a far comparire il fantasma a mio padre la **scorsa**[15] notte?" chiede Alessandro.

Linda **scuote la testa**[16]. "**Forse**[17] è stata mia sorella Cristina. Lei e Don Carlo **dubitano di me**[18] e non mi dicono **più nulla**[19]. Dicono che è strano che il **cadavere**[20] di tua madre **non sia stato ancora ritrovato**[21]…"

"Cadavere? Cosa è successo a mia madre?" Alessandro diventa di nuovo ansioso.

"**Ti ricordi**[22] quando Cristina **ha lasciato**[23] il suo orecchino nella **valigia**[24] di tuo padre?" inizia a raccontare Linda. "**Ecco**[25], voleva **piantare sospetti**[26] nella **mente**[27] di tua madre per **far litigare**[28] i tuoi **genitori**[29]. Cristina voleva utilizzare il litigio come motivo **per cui**[30] tuo padre **avrebbe avvelenato**[31] non solo gli zii ma anche tua madre."

"Non capisco, **cosa c'entra**[32] mia madre?" chiede Alessandro confuso.

"Il piano originale era di avvelenare gli zii nel salone principale." Linda spiega. "Ma tua madre ha portato gli zii in libreria per il ritratto. Quindi **doveva essere eliminata**[33] anche lei. Ma io e Maria **abbiamo finto**[34] la sua morte."

"Allora mia madre è viva? Dov'è?" chiede Alessandro **speranzoso**[35].

All'improvviso qualcuno bussa alla porta del confessionale. È Margherita. "**Ragazzi**[36], la processione sta arrivando in chiesa. **Fate in fretta**[37]!"

Linda allora abbassa la voce. "**Ho nascosto**[38] tua madre nel castello. Non posso **dirti di più**[39] ora, ma ti prometto che è **al sicuro**[40]. Scusa ma devo andare. Non possiamo **farci vedere assieme**[41] da Cristina e Don Carlo."

Linda lascia il confessionale ed **incrocia**[42] Cristina che entra in chiesa e **le chiede freddamente**[27]: "Cosa fai qui?"

Alessandro rimane immobile nel confessionale.

Linda **fa il segno della croce**[44]. "Ho confessato i miei **peccati**[45] a Dio. **Dovresti farlo**[46] anche tu. **Sai bene**[47] che **quello che**[48] stiamo facendo è **sbagliato**[49]."

Cristina la osserva con uno **sguardo gelido**[50]: "Non fare **sciocchezze**[51], Linda. Carlo **non perdona i traditori**[52]."

Riassunto della storia

Linda confessa ad Alessandro che lei e Cristina spaventavano gli zii con il fantasma di Bianca seguendo il piano di Don Carlo. Lui voleva avvelenare non solo gli zii ma anche Miriam durante il compleanno ed incastrare Marco per la morte di tutti, ma Linda e Maria hanno finto la morte di Miriam e l'hanno nascosta nel castello. Fuori dal confessionale incrocia Cristina che la guarda sospettosa.

Summary of the story

Linda confesses to Alessandro that she and Cristina had been scaring Mimmo and Carmela with Bianca's ghost, following Don Carlo's plan. He wanted to poison not only the uncle and aunt but also Miriam during the birthday party and frame Marco for all the deaths. However, Linda and Maria faked Miriam's death and hid her in the castle. Outside the confessional, Linda crosses paths with Cristina, who looks at her suspiciously.

Vocabulary

1 **colpa mia** my fault
2 **erano mesi** it has been months
3 **spaventavamo** we were scaring
4 **il loro cuore non ha più retto** their heart couldn't take it anymore
5 **rimediare** to make amends
6 **non saltare a conclusioni** don't jump to conclusions
7 **siete state voi** it was you (pl.)
8 **comparsa** appearance
9 **mi hanno assunto** they hired me
10 **orfana** orphan
11 **far comparire** to make (the ghost) appear
12 **a turno** taking turns

13 **poi** then

14 **allora** so

15 **scorsa** last

16 **scuote la testa** (she) shakes her head

17 **forse** maybe

18 **dubitano di me** they doubt me

19 **più nulla** nothing anymore

20 **cadavere** corpse

21 **non sia stato ancora ritrovato** (it) hasn't been found yet

22 **ti ricordi** do you remember

23 **ha lasciato** (she) left

24 **valigia** suitcase

25 **ecco** so

26 **piantare sospetti** (she wanted) to plant suspicions

27 **mente** mind

28 **far litigare** to make fight

29 **genitori** parents

30 **per cui** for which

31 **avrebbe avvelenato** (he) would have poisoned

32 **cosa c'entra** what does (she) has to do with it

33 **doveva essere eliminata** (she) had to be eliminated

34 **abbiamo finto** we pretended

35 **speranzoso** hopeful

36 **ragazzi** guys

37 **fate in fretta** hurry up

38 **ho nascosto** I hid

39 **dirti di più** (I can not) tell you more

40 **al sicuro** safe

41 **farci vedere assieme** **(we can not)** be seen together

42 **incrocia** (she) crosses paths with

43 **le chiede freddamente** (she) asks her coldly

44 **fa il segno della croce** (she) makes the sign of the cross

45 **peccati** sins

46 **dovresti farlo** you should do it

47 **sai bene** you know well

48 **quello che** what

49 **sbagliato** wrong

50 **sguardo gelido** icy look

51 **sciocchezze** anything stupid

52 **non perdona i traditori** (he) doesn't forgive traitors

Domande a risposta multipla

1) Secondo Linda gli zii sono morti d'infarto perché:

    a. Don Carlo è diventato parroco del paese.

    b. Lei e Cristina erano gemelle.

    c. Lei e Cristina li hanno spaventati con il fantasma di Bianca.

2) Cristina ha fatto litigare i genitori di Alessandro. Come?

    a. Piantando il suo orecchino nella valigia di Marco.

    b. Scrivendo una lettera a Miriam.

    c. Facendo sparire l'anello di matrimonio di Marco.

3) Perché Miriam doveva essere eliminata?

    a. Perché era un ostacolo al piano originale.

    b. Perché non era simpatica a Don Carlo.

    c. Perché aveva scoperto il piano di Don Carlo.

Risposte

1) **C**

2) **A**

3) **A**

Il segreto del giardiniere - The gardener's secret

CAPITOLO 8

PARTE 8.1

Terremoto - Earthquake

Marco, Alessandro e Margherita tornano al castello e **si dirigono**[1] alle stalle per **indagare**[2] sul giardiniere.

"Papà, c'è l'Ape Piaggio del giardiniere **qui fuori**[3]." dice Alessandro con **sospetto**[4].

Entrano nelle stalle ma il giardiniere non c'è. **Ispezionano**[5] ogni **angolo**[6] e Alessandro nota le **stesse impronte di terra**[7] trovate in libreria.

Le impronte **si bloccano**[8] davanti al **muro**[9]. Sul muro **sono appesi**[10] una **trentina**[11] di **ferri di cavallo**[12].

"Il giardiniere **ha spostato**[13] i ferri di cavallo su questa parete dopo la morte degli zii. **Chissà perché**[14]."

Marco tocca con il bastone tutti i ferri ed **ascolta il suono**[15] che **emettono**[16]. Poi indica un ferro al centro: "Questo non è **ferro**[17]."

Quando Marco **lo ruota**[18], sentono un clic: si apre un **vano segreto**[19] con **pistole**[20], **coltelli**[21], passaporti falsi e una piccola fiala.

"Papà, **odora**[22]!" dice Alessandro, **passandogli**[23] la fiala.

Marco **annusa**[24]. "Questo profumo è lo stesso che ho sentito sul treno e in libreria dopo la morte degli zii. Come **è finito**[25] qui?"

Sul muro ci sono foto della famiglia Bortolot, della cuoca, di Maria, Linda e Don Carlo. Alcune foto hanno **post-it**[26] colorati ed altre sono **marcate**[27] con una **croce**[28].

"Queste foto sono delle persone **scomparse**[29]. Il giardiniere è **coinvolto**[30]." Alessandro dice con **sicurezza**[31].

Nel vano trovano anche i disegni **rubati**[32] dalla libreria, incluso il disegno con la **parola 'terremoto**[33]'.

"È stato il giardiniere a rubare i miei disegni." esclama Margherita **arrabbiata**[34].

"Margherita, cosa significa la parola 'terremoto'?"

Non appena[35] Alessandro pronuncia 'terremoto' **a voce alta**[36], uno dei cavalli sposta un **mattone**[37] con il **muso**[38]. **In questo modo attiva**[39] un meccanismo nascosto che apre una **botola**[40], e **rivela un passaggio**[41] segreto sotto la stalla.

"Alessandro, entra nel passaggio. **Ti seguo**[42] con il mio bastone." dice Marco.

Poi **si rivolge**[43] alla figlia: "Margherita, torna al castello e **chiuditi**[44] in camera. Questo passaggio può essere **pericoloso**[45]! Se non torniamo **entro**[46] un'ora, chiama la polizia."

Margherita annuisce e **corre via**[47]. Alessandro prende una pistola ed una **torcia**[48] dal vano segreto e **scende**[49] nella botola, seguito dal padre. L'atmosfera è umida e **buia**[50].

Alla fine di un lungo corridoio, Marco e Alessandro si bloccano.

Da una stanza **illuminata**[51] sentono la voce del giardiniere: "**Silenzio**[52], Barbara e Linda! Miriam, Maria, vi ho detto di **non muovervi**[53]! Vado a controllare da dove **vengono**[54] i rumori."

Senza esitazione, Alessandro esce nel bunker illuminato e **punta**[55] la pistola verso il giardiniere: "**Fermo**[56] dove sei! **Lascia stare**[57] queste donne!"

Riassunto della storia

Marco, Alessandro e Margherita indagano sul giardiniere e trovano un vano segreto con armi, passaporti falsi e foto di persone scomparse. Seguendo un indizio nei disegni di Margherita, scoprono una botola nascosta nelle stalle. Alessandro e Marco scendono nel passaggio sotterraneo e trovano il giardiniere con Barbara, Linda, Miriam e Maria. Alessandro punta la pistola verso il giardiniere.

Summary of the story

Marco, Alessandro, and Margherita investigate the gardener and find a hidden compartment with weapons, fake passports, and photos of missing people. Following a clue from Margherita's drawings, they discover a hidden trapdoor in the stables. Alessandro and Marco descend into the underground passage and find the gardener with Barbara, Linda, Miriam, and Maria. Alessandro aims his gun at the gardener.

Vocabulary

1 **si dirigono** they head
2 **indagare** to investigate
3 **qui fuori** out here
4 **sospetto** suspicion

5 **ispezionano** they inspect

6 **angolo** corner

7 **stesse impronte di terra** same dirt footprints

8 **si bloccano** they stop

9 **muro** wall

10 **sono appesi** (horseshoes) are hanging

11 **trentina** about thirty

12 **ferri di cavallo** horseshoes

13 **ha spostato** (he) moved

14 **chissà perché** who knows why

15 **ascolta il suono** (he) listens to the sound

16 **emettono** they emit

17 **ferro** iron

18 **lo ruota** (he) rotates it

19 **vano segreto** secret compartment

20 **pistole** guns

21 **coltelli** knives

22 **odora** smell it

23 **passandogli** passing him

24 **annusa** (he) sniffs

25 **è finito** it ended up

26 **post-it** post-it notes

27 **marcate** marked

28 **croce** cross

29 **scomparse** disappeared

30 **coinvolto** involved

31	**sicurezza**	certainty
32	**rubati**	stolen
33	**parola 'terremoto**	word 'earthquake'
34	**arrabbiata**	angry
35	**non appena**	as soon as
36	**a voce alta**	out loud
37	**mattone**	brick
38	**muso**	muzzle
39	**in questo modo attiva**	in this way it activates
40	**botola**	trapdoor
41	**rivela un passaggio**	(it) reveals a passage
42	**ti seguo**	I'll follow you
43	**si rivolge**	(he) turns to
44	**chiuditi**	lock yourself
45	**pericoloso**	dangerous
46	**entro**	within
47	**corre via**	(she) runs away
48	**torcia**	flashlight
49	**scende**	(he) goes down
50	**buia**	dark
51	**illuminata**	lit
52	**silenzio**	silence
53	**non muovervi**	(I told you) not to move
54	**vengono**	they are coming
55	**punta**	(he) points
56	**fermo**	stop, freeze

57 **Lascia stare** Leave (these women) alone

Domande a risposta multipla

1) Marco capisce che uno dei ferri di cavallo non è di ferro:

   a. Dalla forma ovale.

   b. Dal materiale luccicante.

   c. Dal suono che emette.

2) Come si apre la botola segreta nelle stalle?

   a. Quando Alessandro pronuncia 'terremoto' e uno dei cavalli sposta un mattone con il muso.

   b. Quando Alessandro pronuncia 'terremoto' e uno dei cavalli apre la botola con il muso.

   c. Quando Marco ruota uno dei ferri di cavallo.

3) Perché Alessandro punta la pistola verso il giardiniere?

   a. Perché ha rubato i disegni di Margherita.

   b. Perché pensa che tenga prigioniere la madre e le altre donne.

   c. Perché pensa che tratti male la madre e le altre donne.

Risposte

1) C

2) A

3) B

CAPITOLO 8

PARTE 8.2

Il bunker - The bunker

Miriam corre ad **abbracciare**[1] il figlio e il marito: "Alessandro! Marco! Siete voi! Non vi preoccupate, Giuseppe vuole aiutarci."

"**Ah sì**[2]? E come? **Non mi fido**[3] di lui!" dice Alessandro **teso**[4].

"**Sto solo proteggendo**[5] queste donne! Io non sono solo un giardiniere. Lavoro come **investigatore**[6] privato per zio Mimmo." spiega Giuseppe. "Ho trovato questo passaggio segreto grazie al disegno di Margherita."

Giuseppe mostra che le **linee**[7] del disegno di Margherita **coincidono**[8] con le **stanze**[9] del castello nella mappa e **rivelano**[10] il **collegamento**[11] segreto tra libreria e stalle.

Alessandro **abbassa**[12] la pistola. "Quindi zio Mimmo **ti ha assunto**[13] per indagare su Don Carlo?"

Giuseppe conferma: "Sì. Don Carlo voleva ereditare il castello. **Così**[14] ha usato la leggenda del fantasma di Bianca per **spaventarli**[15] e **spingerli**[16] a **firmare**[17] un testamento **a suo favore**[18]. Carlo non sapeva che gli zii avevano un **nipote**[19], Marco..."

Linda interviene: "Quando gli zii sono andati dal **notaio**[20], Carlo era **convinto**[21] che il testamento era a suo favore, così **ha pianificato**[22] di uccidere gli zii alla festa..."

"...con una **fiala di veleno**[23]." continua Giuseppe. "Ho visto Don Carlo dare la fiala alla cameriera il giorno prima del compleanno. Poi **ho seguito**[24] Linda fino a Firenze e **ho intercettato**[25] la fiala sul treno nella valigia di Marco. Pensavo che **contenesse**[26] veleno."

Maria **si fa avanti**[27]: "Ma Giuseppe non sapeva che io e Linda **avevamo riempito**[28] la fiala con il mio profumo per **non coinvolgere**[29] Marco nella morte degli zii."

"Non potevo fidarmi di nessuno...**soprattutto**[30] quando Miriam **è sparita**[31]...non ero **certo**[32] che gli zii **avessero simulato**[33] la loro morte..." dice Giuseppe.

"Cosa **intendi**[34]? Gli zii sono **vivi**[35]?" Marco è confuso.

"Sì, Marco!" Miriam **stringe la mano**[36] di Marco. "Giuseppe, **raccontagli**[37] tutto."

"Prima della festa ho dato agli zii una sostanza che simula la morte per infarto. **Hanno preso**[38] la sostanza **appena**[39] hanno visto Linda entrare nella libreria con il vino, pensando che **fosse avvelenato**[40]. Ma quando Miriam è sparita, ho pensato '*Marco è il colpevole*[41]'..." **ammette**[42] Giuseppe.

"Ma io sono stato nel salone del castello **tutto il tempo**[43]!" dice Marco in tono innocente.

"Sei stato **l'unico**[44] ad entrare nella libreria e **dare l'allarme**[45] della morte degli zii. **O almeno così credevo**[46]..." spiega Giuseppe. "Durante la festa Don Carlo e la cameriera sono sempre stati nel salone..."

"....**finché**[47] gli zii **si sono risvegliati**[48] nell'obitorio e ti hanno detto che Linda è entrata in libreria per servire vino. Così **hai capito**[49] che Linda ha una gemella." conclude Alessandro con sicurezza.

"Esatto, sei un bravo detective, Alessandro!" **si complimenta**[50] Giuseppe. "Ma **non potevo ancora fidarmi**[51] di nessuno perché gli zii non sapevano dove era sparita Miriam."

Riassunto della storia

Giuseppe rivela che è un investigatore privato assunto da zio Mimmo per indagare su Don Carlo e che gli zii sono

vivi. Ha scoperto il passaggio segreto grazie al disegno di Margherita. Don Carlo voleva avvelenare gli zii, ma Giuseppe non sapeva che Linda e Maria non avevano messo veleno nel vino. Quando Linda ha servito vino, gli zii hanno simulato la loro morte con una sostanza speciale, credendo il vino avvelenato. Giuseppe inizialmente sospettava di Marco per la morte degli zii, ma all'obitorio gli zii gli hanno detto che Linda è entrata in libreria col vino. Per cui Giuseppe sospetta di Linda e della gemella. Ma non poteva fidarsi ancora di nessuno perché non sapeva dove era sparita Miriam.

Summary of the story

Giuseppe reveals that he is a private investigator hired by uncle Mimmo to investigate Don Carlo and that the uncle and aunt are alive. He discovered the secret passage thanks to Margherita's drawing. Don Carlo wanted to poison the uncle and aunt, but Giuseppe didn't know that Linda and Maria hadn't put poison in the wine. When Linda served the wine, Mimmo and Carmela faked their deaths using a special substance, believing the wine was poisoned. Initially, Giuseppe suspected Marco of the uncles' deaths, but at the morgue, the uncles told him that Linda had entered the library with the wine. This led Giuseppe to suspect Linda and her twin. However, he still couldn't trust anyone because he didn't know where Miriam had disappeared.

Vocabulary

1   **abbracciare**   to hug

2   **ah sì**   oh really

3   **non mi fido**   I don't trust

4   **teso**   tense

5   **sto solo proteggendo**   I'm just protecting

6   **investigatore**   investigator

7   **linee**   lines

8   **coincidono**   they coincide

9   **stanze**   rooms

10   **rivelano**   they reveal

11   **collegamento**   connection, link

12   **abbassa**   (he) lowers

13   **ti ha assunto**   (he) hired you

14   **così**   so

15   **spaventarli**   to scare them

16   **spingerli**   to push them

17   **firmare**   to sign

18   **a suo favore**   in his favour

19   **nipote**   nephew

20   **notaio**   notary

21   **convinto**   convinced

22   **ha pianificato**   (he) planned

23   **fiala di veleno**   vial of poison

24   **ho seguito**   I followed

25	**ho intercettato**	I intercepted

25 **ho intercettato**   I intercepted

26 **contenesse** (it) contained

27 **si fa avanti** (she) steps forward

28 **avevamo riempito**   we had filled

29 **non coinvolgere**   not to involve

30 **soprattutto**   especially

31 **è sparita** (she) disappeared

32 **certo**   certain, sure

33 **avessero simulato**   they had simulated

34 **intendi**   you mean

35 **vivi**   alive

36 **stringe la mano**   (she) squeezes the hand

37 **raccontagli**   tell them

38 **hanno preso**   they took

39 **appena**   as soon as

40 **fosse avvelenato**   (it) was poisoned

41 **colpevole**   guilty

42 **ammette**   (he) admits

43 **tutto il tempo**   the whole time

44 **unico**   only one

45 **dare l'allarme**   to sound the alarm

46 **o almeno così credevo**   or at least that's what I thought

47 **finché**   until

48 **si sono risvegliati**   they woke up

49 **hai capito**   you understood

50 **si complimenta**   (he) compliments

51 **non potevo ancora fidarmi** I still couldn't trust

Domande a risposta multipla

1) Come ha trovato Giuseppe il passaggio segreto?

   a. Grazie alle linee sulla parete delle stalle.

   b. Grazie alle linee nel disegno di Margherita.

   c. Grazie a Miriam e Margherita.

2) Gli zii hanno preso la sostanza per simulare la loro morte:

   a. Quando Linda ha offerto loro il vino.

   b. Quando Miriam è sparita.

   c. Quando Linda ha riempito la fiala di profumo.

3) Giuseppe ha capito che Linda ha una gemella perché:

   a. Ha visto che Linda e Cristina si vestono in modo diverso.

   b. Ha visto le gemelle assieme sul treno.

   c. Ha visto Cristina nel salone tutto il tempo e gli zii gli hanno detto che Linda è entrata in libreria.

Risposte

1) **B**

2) **A**

3) **C**

CAPITOLO 8

PARTE 8.3

Il mistero di Miriam - Miriam's mistery

Marco stringe la mano di Miriam, **sollevato**[1]: "Miriam, cara, **spiegaci**[2] cosa è successo."

Miriam **respira profondamente**[3]: "Quando gli zii **sembravano**[4] morti, Linda mi ha detto che **non voleva ucciderli**[5], ma aiutarli con sua madre Maria..."

Maria aggiunge, con voce calma: "Io **mi sono infiltrata**[6] alla festa **senza essere vista**[7] da Don Carlo e Cristina. **Stavo per**[8] apparire come un fantasma nella sala principale a mezzanotte, per spaventare Don Carlo e **costringerlo**[9] a confessare..."

Linda continua: "....ma quando abbiamo visto gli zii morire, abbiamo deciso di far comparire il fantasma di Bianca in una fotografia. Volevamo mostrare a Don Carlo che il fantasma **esiste davvero**[10] e che **ha fatto morire**[11] gli zii."

"Speravamo che Don Carlo **avrebbe rinunciato**[12] al castello per paura del fantasma." Maria confessa.

"Ma Carlo ha incominciato a **sospettare**[13] di me..." interviene Linda. "...per non aver avvelenato Miriam, per la **comparsa**[14] del fantasma nella foto, per la **scomparsa**[14] della cuoca..."

Alessandro guarda la madre. "Quindi, mamma, tu sei viva grazie a Linda?"

Miriam annuisce: "Sì, **tesoro**[16]. Ho simulato la mia morte **lasciando gocce di sangue**[17] sulla finestra e **lanciando**[18] il mio **scialle**[19] dalla finestra. Poi Linda **mi ha nascosto**[20] nel bunker."

"E tu, Barbara?" chiede Marco alla cuoca.

"Don Carlo voleva uccidermi perché Cristina ha sentito **cosa vi ho detto**[21] su Carmela e sul testamento. Ma Linda mi ha nascosto." risponde Barbara.

"**Manca solo un mistero da risolvere**[22]. **Che fine ha fatto**[23] il fornaio?" chiede Alessandro curioso. "Giuseppe, ho visto la tua Ape Piaggio fuori dal suo negozio la notte dell'**incendio**[24]."

"Anche per me è un mistero." ammette Giuseppe. "Ero lì per **origliare**[25] la conversazione tra Maria e il fornaio. Ma quando tu e Marco siete arrivati, **sono scappato**[26] per **non essere coinvolto**[27]."

"Alessandro, mio nonno è vivo. Dopo il **ricovero**[28] **è stato rilasciato**[29] senza problemi. E **come vedi**[30], anche mia madre

Maria è viva." Linda indica sua madre. "Carlo aveva paura che mia madre e mio nonno **svelassero la verità**[31] sugli zii, così **mi ha ordinato**[32] di incendiare al negozio."

Poi Linda indica Barbara. "È stato facile **diffondere la voce**[33] della morte di mia madre e mio nonno!"

"Eh sì, sono proprio una **gran chiacchierona**[34]." ride Barbara. "Quando Linda **mi ha confessato**[35] tutto, ho diffuso la voce a tutto il paese, incluso Giuseppe."

"E io **ci sono cascato in pieno**[36]!" ammette Giuseppe e tutti **ridono**[37].

Poi Miriam torna seria: "**A proposito**[38], dove sono gli zii? E Margherita?"

Riassunto della storia

Maria voleva spaventare Don Carlo con il fantasma di Bianca a mezzanotte durante la festa di compleanno, ma quando gli zii sono morti, ha cambiato piano ed è comparsa come fantasma nella fotografia davanti al camino. Linda, poi, ha aiutato Miriam a simulare la sua morte e poi l'ha nascosta nel bunker. Linda ha anche simulato la morte della madre e del fornaio e ha diffuso la falsa notizia della loro morte grazie a Barbara. Infine, ha

nascosto Barbara nel bunker per proteggerla da Don Carlo.

Summary of the story

Maria wanted to scare Don Carlo with the ghost of Bianca at midnight during the birthday party, but when the uncles died, she changed her plan and appeared as a ghost in the photograph in front of the fireplace. Linda then helped Miriam fake her death and hid her in the bunker. Linda also faked her mother's and the baker's deaths and spread the false news of their passing with Barbara's help. Finally, she hid Barbara in the bunker to protect her from Don Carlo.

Vocabulary

1   **sollevato**   relieved
2   **spiegaci**   explain to us
3   **respira profondamente**   (she) breathes deeply
4   **sembravano**   they seemed
5   **non voleva ucciderli**   (she) didn't want to kill them
6   **mi sono infiltrata**   I infiltrated
7   **senza essere vista**   without being seen
8   **stavo per**   I was about to
9   **costringerlo**   to force him
10   **esiste davvero**   (it) really exists

11 **ha fatto morire** (it) caused the death of

12 **avrebbe rinunciato** (he) would have given up

13 **sospettare** to suspect

14 **comparsa** appearance

15 **scomparsa** disappearance

16 **tesoro** darling

17 **lasciando gocce di sangue** leaving drops of blood

18 **lanciando** throwing

19 **scialle** shawl

20 **mi ha nascosto** (she) hid me

21 **cosa vi ho detto** what I told you

22 **manca solo un mistero da risolvere** there is only one mystery left to solve

23 **che fine ha fatto** what happened to

24 **incendio** fire

25 **origliare** to eavesdrop

26 **sono scappato** I ran away

27 **non essere coinvolto** not to be involved

28 **ricovero** hospitalisation

29 **è stato rilasciato** (he) was released

30 **come vedi** as you can see

31 **svelassero la verità** they would reveal the truth

32 **mi ha ordinato** (he) ordered me

33 **diffondere la voce** to spread the word

34 **gran chiacchierona** big chatterbox

35 **mi ha confessato** (she) confessed to me

36   **ci sono cascato in pieno**   I fell for it completely

37   **ridono**   they laugh

38   **a proposito**   by the way

Domande a risposta multipla

1) Maria è comparsa come fantasma nella foto con gli zii morti davanti al camino:

    a. Per far credere a Don Carlo che gli zii erano morti davvero.

    b. Per far credere a Don Carlo che il fantasma di Bianca esiste davvero.

    c. Per spaventare Miriam e Margherita.

2) Perché Don Carlo voleva uccidere la cuoca Barbara?

    a. Perché è una grande chiacchierona.

    b. Perché ha diffuso la notizia falsa della morte di Maria e del fornaio.

    c. Perché ha parlato di Carmela e del testamento a Marco ed Alessandro.

3) Come voleva Don Carlo uccidere Maria e il fornaio?

    a. Con un incendio grazie a Linda.

b. Con il veleno grazie a Linda.

c. Con un incidente grazie all'Ape Piaggio del giardiniere.

Risposte

1) **B**

2) **C**

3) **A**

L'eredità - The inheritance

CAPITOLO 9

PARTE 9.1

Il piano perfetto - The perfect plan

Il piano perfetto - The perfect plan

"**Tesoro**[1], non preoccuparti. Margherita è **al sicuro**[2] nel castello." Marco stringe le mani di Miriam per **rassicurarla**[3].

"E gli zii **sono nascosti**[4] nel Monastero di Santa Marta, a Firenze. Sono al sicuro." **aggiunge**[5] Giuseppe.

Alessandro osserva **attentamente**[6] le persone nel bunker: "**Adesso che**[7] tutti sono al sicuro, **non c'è tempo da**

perdere[8]. Dobbiamo lavorare assieme per **fermare**[9] Don Carlo. La **verità**[10] deve uscire."

Tutti **annuiscono**[11] e Marco propone: "Don Carlo vuole che io rinunci all'eredità. **Perché non**[12] organizziamo un **incontro**[13] segreto al castello con la **promessa**[14] di **firmare**[15] i documenti dell'eredità **in suo favore**[16]?"

Alessandro **sorride**[17], determinato: "**Ottima**[18] idea, papà. Ma come facciamo a **far confessare**[19] Don Carlo?"

"Con un fantasma!" propone Linda. "Carlo è **convinto**[20] che nostra madre Maria è morta nell'incendio del panificio. Se appare come fantasma durante l'incontro, Carlo **si spaventerà**[21] e confesserà tutto. Io, mia madre e Barbara possiamo organizzare l'**apparizione**[22] del fantasma."

"Fantastico! Io **filmerò**[23] tutto **in diretta**[24] per **mostrare**[25] la verità." dichiara Alessandro.

"Ed io **raccoglierò**[26] tutte le **prove**[27] e **le porterò**[28] alla polizia. Quando Don Carlo confesserà, **guiderò**[29] la polizia **all'interno**[30] del castello per arrestare Don Carlo." dice Giuseppe.

"Ed io e Margherita, cosa possiamo fare?" chiede Miriam.

"Miriam, avrai un **compito**[31] molto importante. **Dovrai proteggere**[32] nostra figlia, è **ancora**[33] troppo piccola per essere **coinvolta**[34]." Marco interviene.

"Ma io…." risponde Miriam.

Ma Marco aggiunge: "Resterete **chiuse**[35] in una camera del castello durante l'incontro. Non voglio che **capiti nulla**[36] a te e Margherita."

Miriam annuisce. È **stanca**[37] e vuole **riabbracciare**[38] la figlia.

Dopo la discussione, tutti assieme **pianificano**[39] ogni dettaglio.

Giuseppe raccoglie tutte le prove contro Don Carlo: le fotografie, la fiala, la lettera della madre Maria e **così via**[40]. Poi, va dalla polizia per organizzare l'**arresto**[41].

Linda, Barbara e Maria preparano **tutto il necessario**[42] per far apparire il fantasma di Maria nel castello: **luci soffuse, macchina del fumo, fili invisibili**[43], un velo bianco e un **ventilatore**[44] per **muovere**[45] il **tessuto**[46] ed il fumo.

Nel frattempo[47], Marco **manda**[48] un messaggio a Don Calo sul cellulare, **fingendosi disperato**[49]:

'Don Carlo, **non ce la faccio più**[50]. Voglio solo riabbracciare Miriam e proteggere i miei figli.

Incontriamoci nella libreria del castello in segreto domani a mezzanotte. **Firmerò**[51] un documento dove **lascio**[52] tutta l'eredità degli zii a tuo favore.'

Dopo pochi minuti, Don Carlo risponde:

'Va bene, domani a mezzanotte. **Nessuna mossa falsa**[53] o **uccido**[54] Miriam.'

Riassunto della storia

Ora che tutti sono al sicuro, il gruppo pianifica di incastrare Don Carlo organizzando un incontro segreto in cui Marco finge di rinunciare all'eredità in favore di don Carlo. Linda, Maria e Barbara organizzeranno l'apparizione del fantasma, mentre Alessandro filmerà tutto e Giuseppe porterà le prove alla polizia. Marco invia un messaggio a Don Carlo per incontrarlo in libreria a mezzanotte dell'indomani e Don Carlo accetta.

Summary of the story

Now that everyone is safe, the group plans to trap Don Carlo by organising a secret meeting where Marco pretends to renounce the inheritance in favour of Don Carlo. Linda, Maria, and Barbara will stage the ghost's appearance, while Alessandro will film everything, and Giuseppe will take the evidence to the police. Marco sends a message to Don Carlo, asking to meet in the library at midnight the following day, and Don Carlo agrees.

Vocabulary

1   **tesoro** darling
2   **al sicuro** safe
3   **rassicurarla** to reassure her
4   **sono nascosti** they are hidden
5   **aggiunge** (he) adds
6   **attentamente** carefully
7   **adesso che** now that
8   **non c'è tempo da perdere** there is no time to waste
9   **fermare** to stop
10 **verità** truth
11 **annuiscono** they nod
12 **perché non** why don't
13 **incontro** meeting
14 **promessa** promise
15 **firmare** to sign
16 **in suo favore** in his favour
17 **sorride** (he) smiles
18 **ottima** excellent
19 **far confessare** to make (him) confess
20 **convinto** convinced

21 **si spaventerà** (he) will be frightened

22 **apparizione** appearance

23 **filmerò** I will film

24 **in diretta** live

25 **mostrare** to show

26 **raccoglierò** I will collect

27 **prove** evidence

28 **le porterò** I will take them

29 **guiderò** I will guide

30 **all'interno** inside

31 **compito** task

32 **dovrai proteggere** you will have to protect

33 **ancora** still

34 **coinvolta** involved

35 **chiuse** closed

36 **capiti nulla** nothing happens

37 **stanca** tired

38 **riabbracciare** (she wants) to hug again

39 **pianificano** they plan

40 **così via** and so on

41 **arresto** arrest

42 **tutto il necessario** everything necessary

43 **luci soffuse, macchina del fumo, fili invisibili** dim lights, smoke machine, invisible wires

44 **ventilatore** fan

45 **muovere** to move

46 **tessuto** fabric

47 **nel frattempo** meanwhile

48 **manda** (he) sends

49 **fingendosi disperato** pretending to be desperate

50 **non ce la faccio più** I can't take it anymore

51 **firmerò** I will sign

52 **lascio** I leave

53 **nessuna mossa falsa** no false/wrong move

54 **uccido** I kill

Domande a risposta multipla

1) Cosa propone Linda per far confessare Don Carlo?

   a. L'apparizione del fantasma di Bianca.

   b. L'apparizione del fantasma di Maria.

   c. Una lettera dagli zii.

2) Cosa chiede Marco a Miriam per proteggere Margherita durante l'incontro con Don Carlo?

   a. Di restare chiuse in una stanza del castello.

   b. Di restare chiuse nella stazione della polizia.

   c. Di guidare la polizia all'interno del castello.

3) Cosa significa 'mossa falsa'?

    a. Un passo di danza difficile da eseguire.

    b. Azione sbagliata che porta a conseguenze negative.

    c. Un trucco di magia segreto.

Risposte

1) **B**

2) **A**

3) **B**

CAPITOLO 9

PARTE 9.2

Colpo di scena - Turning point

La sera dell'incontro, l'atmosfera nel castello è **tesa**[1].

Miriam **si è chiusa a chiave**[2] in una stanza del castello con Margherita che, **impaurita**[3], stringe forte la mamma.

Nel frattempo, Linda e Barbara **stanno truccando e vestendo**[4] Maria per far apparire il 'fantasma' in libreria quando Marco **pronuncerà**[5] la parola 'Bianca'.

Marco con il suo bastone è **in piedi**[6] in mezzo alla libreria con un documento in mano. Alessandro **è nascosto**[7] nell'**armadio, pronto**[8] a fare il video in diretta con il suo cellulare, mentre Giuseppe coordina la **presenza**[9] della polizia fuori dal castello.

Tutti restano in silenzio, **attendendo**[10] la mezzanotte.

A mezzanotte **in punto**[11], la porta della libreria **si apre**[12] con un **rumore metallico**[13] e Don Carlo entra nella stanza. Ma non è solo.

Marco sente **singhiozzare**[14] qualcuno e **subito**[15] domanda: "Chi hai portato con te, Don Carlo?"

Alla sua domanda risponde la **voce fredda**[16] di Cristina, la gemella di Linda: "Caro Marco, come possiamo **fidarci**[17] di te senza un **piccolo incentivo**[18]? Abbiamo **in ostaggio**[19] le tue care Miriam e Margherita. Non fare mosse false, hanno un **coltello**[20] alla **gola**[21]."

"Scusa Marco! **Ci hanno ingannato**[22]." **piange**[23] Miriam. "Cristina si è vestita come Linda e ha detto che **avevi**[24] un messaggio per noi…"

"**Zitta tu**[25]!" Don Carlo grida, poi con un sorriso **maligno**[26] dice: "**Come vedi**[27] Marco, la situazione è delicata."

"Devo mantenere la calma, il piano **funzionerà**[28]*."* pensa Marco con un **sospiro**[29]. Poi decide di **fingere**[30] disperazione: "Per favore, **non fategli del male**[31]! Ecco qui il documento, lascio tutta l'eredità degli zii a te, Don Carlo. **Che Bianca abbia pietà di te**[32]!"

Don Carlo sorride in modo **ambiguo**[33] e si avvicina a Marco: "Bravo, Marco. Ora, firma il documento e tutto **andrà per il meglio**[34]."

Ma quando Marco pronuncia la parola 'Bianca', l'atmosfera cambia **improvvisamente**[35]. La luce **si abbassa**[36] e la finestra si apre all'improvviso. Un **vento gelido**[37] entra in stanza.

Vicino al camino della libreria appare una figura **avvolta**[38] in un velo bianco e **circondata**[39] da un **fumo sottile**[40]. **Sembra fluttuare**[41] nell'aria, come un fantasma.

Quando il velo **si solleva**[42], il volto di Maria **appare pallido**[43] e con occhi neri.

Don Carlo grida **terrorizzato**[44]: "Non è possibile... madre! Io... io **pensavo di averti uccisa**[45]..."

"Avete ucciso il mio corpo, ma non la mia **anima**." La voce del fantasma di Maria **risuona**[46] nella stanza. "La mia anima ha bisogno di **essere riappacificata**[47] con la verità."

Riassunto della storia

Don Carlo arriva all'incontro con Cristina e tengono in ostaggio Miriam e Margherita. Marco finge disperazione e offre l'eredità, ma quando pronuncia la parola 'Bianca', Maria appare come fantasma. Don Carlo, terrorizzato, confessa: "Io pensavo di averti uccisa..."

Summary of the story

Don Carlo arrives at the meeting with Cristina, holding Miriam and Margherita hostage. Marco pretends to be desperate and offers the inheritance, but when he says the word "Bianca,"

Maria appears as a ghost. Terrified, Don Carlo confesses: "I thought I had killed you…"

Vocabulary

1   **tesa** tense
2   **si è chiusa a chiave**   (she) locked herself in
3   **impaurita** frightened
4   **stanno truccando e vestendo**   they are putting make-up on and dressing
5   **pronuncerà**   (he) will pronounce
6   **in piedi** standing
7   **è nascosto**   (he) is hidden
8   **pronto**   ready
9   **presenza** presence
10   **attendendo**   waiting for
11   **in punto**   exactly
12   **si apre**   (it) opens
13   **rumore metallico**   metallic noise
14   **singhiozzare**   (he hears) sobbing
15   **subito**   immediately
16   **voce fredda**   cold voice
17   **fidarci**   (we can) trust
18   **piccolo incentivo**   small incentive
19   **abbiamo in ostaggio**   we took hostage
20   **coltello**   knife

21 **gola** throat

22 **ci hanno ingannato** they tricked us

23 **piange** (she) cries

24 **avevi** you had

25 **zitta tu** quiet you

26 **maligno** evil

27 **come vedi** as you can see

28 **funzionerà** (it) will work

29 **sospiro** sigh

30 **fingere** to pretend

31 **non fategli del male** don't hurt them

32 **che Bianca abbia pietà di te** may Bianca have mercy on you

33 **ambiguo** ambiguous

34 **andrà per il meglio** (everything) will go for the best

35 **improvvisamente** suddenly

36 **si abbassa** (it) goes dim

37 **vento gelido** icy wind

38 **avvolta** wrapped

39 **circondata** surrounded

40 **fumo sottile** thin smoke

41 **sembra fluttuare** it seems to float

42 **si solleva** (it) rises

43 **appare pallido** (it) appears pale

44 **terrorizzato** terrified

45 **pensavo di averti uccisa** I thought I had killed you

46 **risuona** (it) resonates

47 **essere riappacificata** to be reconciled

Domande a risposta multipla

1) Chi si presenta all'incontro con Don Carlo?

    a. Cristina con Miriam solamente.

    b. Miriam con un coltello alla gola di Cristina.

    c. Cristina con Margherita e Miriam in ostaggio.

2) Quando appare il fantasma di Maria?

    a. Quando Marco pronuncia la parola 'fantasma'.

    b. Quando Marco pronuncia la parola 'Bianca'.

    c. Quando Marco mostra il documento a Don Carlo.

3) Perché Don Carlo è terrorizzato dal fantasma di Maria?

    a. Perché pensava che fosse morta.

    b. Perché ha paura dei fantasmi.

    c. Perché la madre ha gli occhi neri.

Risposte

1) C

2) B

3) A

CAPITOLO 9

PARTE 9.3

Doppio arresto - Double arrest

Don Carlo grida: "Madre, tu non capisci! **Che altra scelta**[1] avevo? Non potevo **perdere**[2] tutto!"

"Tutti abbiamo un'altra scelta. È il tuo momento per dire la verità e **liberare**[3] la mia anima. So che non sei un figlio **crudele**[4], **ti perdono**[5]." Maria **gioca la carta**[6] del **perdono**[7] per **convincere**[8] il figlio Carlo a confessare.

Carlo inizia a piangere disperato e **rilascia**[9] Miriam **d'istinto**[10]: "Ok, ok, confesso tutto! Sono stato io ad organizzare l'incendio del panificio. **Perdonami**[11], madre, per la morte tua e del nonno. Non potevo **permettervi di rovinare**[12] il mio piano…"

"Quale piano, Carlo? **Quante altre anime**[13] sono morte per **colpa tua**[14]? La mia anima **non sarà mai libera**[15] senza la tua confessione totale." dichiara Maria con voce **ferma**[16].

Don Carlo, al centro della libreria, **guarda fisso nel vuoto**[17]. La luce **soffusa**[18] illumina il suo viso **in preda al rimorso**[19].

Alessandro filma ogni dettaglio e trasmette il video in diretta su Facebook.

Con voce **tremante**[20], Don Carlo inizia a confessare tutto: "Ho organizzato tutto per ottenere il castello... **ho minacciato**[21] il nonno, **gli ho detto**[22]: 'Se **non metti chiodi**[23] nel pane per Carmela, **rivelerò**[24] il segreto di Maria a tutti.' Poi **ho orchestrato**[25] il fantasma di Bianca per spaventare Mimmo e Carmela... e poi **li ho avvelenati**[26]...**con l'aiuto**[27] delle gemelle."

Cristina, che ha ancora il coltello alla gola di Margherita, **si immobilizza**[28]. Poi **lascia cadere**[29] il coltello e **finalmente**[30] rilascia Margherita. "Don Carlo **mi ha minacciata**[31] a collaborare, io non volevo uccidere nessuno!"

Cristina cerca di giocare la carta della vittima. Ma il fantasma di Maria **interrompe**[32] Cristina: "Figlia mia, non hai il **coraggio**[33] di dire la verità? Tua sorella **mi ha raccontato**[34] tutto."

Cristina rimane fredda: "Linda **ci ha ingannati, maledetta**[35]!" e cerca di **scappare**[36] dalla porta della libreria.

In quel momento, la polizia, guidata da Giuseppe, **irrompe**[37] nella sala: "Don Carlo, Cristina, siete **in arresto**[38] per i vostri **crimini**[39]!"

Marco, con voce calma e **decisa**[40], aggiunge: "**Abbiamo raccolto**[41] le prove. Finalmente la verità **è venuta fuori**[42]. Ora la giustizia deve **fare il suo corso**[43]."

Alessandro esce dall'armadio: "Il mio video mostra tutto. Don Carlo e Cristina, **sarete puniti**[44] per i vostri crimini. E comunque gli zii sono vivi."

Don Carlo e Cristina rimangono **a bocca aperta**[45] mentre la polizia **li porta via**[46].

Tutti **si riuniscono**[47] nella libreria, **sollevati**[48], e si abbracciano forte.

Riassunto della storia

In preda al panico, Don Carlo libera Miriam e confessa i suoi crimini, incluso l'incendio del panificio e l'avvelenamento degli zii. Anche Cristina libera Margherita e cerca di fuggire, ma la polizia, guidata da Giuseppe, arresta entrambi. Alessandro registra tutto e rivela che gli zii sono vivi. Finalmente, la verità è venuta fuori e tutti si riuniscono sollevati.

Summary of the story

In a panic, Don Carlo releases Miriam and confesses his crimes, including the bakery fire and the poisoning of the uncle and aunt. Cristina also releases Margherita and tries to escape, but the police, led by Giuseppe, arrest both of them. Alessandro records everything and reveals that the uncles are alive. Finally, the truth has come to light, and everyone reunites in relief.

Vocabulary

1 **che altra scelta** what other choice
2 **perdere** (I could not) lose
3 **liberare** to free
4 **crudele** cruel
5 **ti perdono** I forgive you
6 **gioca la carta** (she) plays the card
7 **perdono** forgiveness
8 **convincere** to convince
9 **rilascia** (he) releases
10 **d'istinto** instinctively
11 **perdonami** forgive me
12 **permettervi di rovinare** (I could not) allow you to ruin
13 **quante altre anime** how many other souls
14 **colpa tua** your fault

15   **non sarà mai libera**   (it) will never be free

16   **ferma**   firm

17   **guarda fisso nel vuoto**   (he) stares into space

18   **soffusa**   dim

19   **in preda al rimorso**   being in the throes / overcome with remorse

20   **tremante**   trembling

21   **ho minacciato**   I threatened

22   **gli ho detto**   I told him

23   **non metti chiodi**   you don't put nails

24   **rivelerò**   I will reveal

25   **ho orchestrato**   I orchestrated

26   **li ho avvelenati**   I poisoned them

27   **con l'aiuto**   with the help

28   **si immobilizza**   (she) freezes

29   **lascia cadere**   (she) drops

30   **finalmente**   finally

31   **mi ha minacciata**   (he) threatened me

32   **interrompe**   (she) interrupts

33   **coraggio**   courage

34   **mi ha raccontato**   (she) told me

35   **ci ha ingannati, maledetta**   she tricked us, damn her

36   **scappare**   to escape

37   **irrompe**   (it) bursts in

38   **in arresto**   under arrest

39   **crimini**   crimes

40 **decisa** determined

41 **abbiamo raccolto** we have collected

42 **è venuta fuori** (it) has come out

43 **fare il suo corso** (it must) take its course

44 **sarete puniti** you will be punished

45 **a bocca aperta** mouth wide open (in shock)

46 **li porta via** (it) takes them away

47 **si riuniscono** they gather together

48 **sollevati** relieved

Domande a risposta multipla

1) Cosa significa 'giocare una carta' nell'espressione 'Maria gioca la carta del perdono'?

   a. Leggere le carte per predire il futuro.

   b. Usare una strategia per ottenere un certo risultato.

   c. Giocare a carte e vincere la partita.

2) Don Carlo ha minacciato il nonno di rivelare il segreto di Maria se non:

   a. Avesse messo chiodi nel pane per Maria.

   b. Avesse messo chiodi nel pane per Carmela.

   c. Avesse dato fuoco al panificio.

3) Don Carlo e Cristina rimangono a bocca aperta quando:

   a. Alessandro dice che gli zii sono vivi.

   b. Alessandro dice che ha filmato tutto con il cellulare.

   c. Giuseppe entra nella stanza con la polizia.

Risposte

1) B

2) B

3) A

Epilogo - Epilogue

Un brindisi all'avventura - A toast to adventure

Il castello di Caccamo **è** finalmente **tornato alla normalità[1]**.

Dopo settimane di misteri, **inganni[2]** e **pericoli[3]**, la verità **è venuta a galla[4]** e i responsabili sono stati arrestati. Don Carlo e Cristina sono stati portati via dalla polizia, e gli zii Mimmo e Carmela sono tornati **sani e salvi [5]**nel loro castello.

La mattina dopo l'**arresto[6]**, la grande **tavola[7]** della cucina è **imbandita[8]** con una colazione abbondante. Caffè **fumante[9]**, pane fresco, marmellata, biscotti **fatti in casa[10]** e il vino dolce di zio Mimmo.

La cuoca Barbara, con il suo **grembiule macchiato di farina[11]**, sorride **soddisfatta[12]**. "Oggi **si festeggia[13]**!" esclama, servendo un piatto di **cannoli[14]** alla crema.

Linda, seduta **accanto[15]** a lei, sorride **timidamente[16]**. "Grazie per **avermi dato[17]** un'altra possibilità." dice, **abbassando[18]** lo sguardo. "Non so cosa **avrei fatto[19]** senza il vostro aiuto."

Marco, con tono **rassicurante**[20], risponde: "**Ognuno merita**[21] una seconda possibilità. Tu **hai scelto**[22] di fare la **cosa giusta**[23]."

Zio Mimmo **alza**[24] la sua **tazza**[25] di caffè: "Vorrei proporre un **brindisi**[26] a tutti voi! **Grazie mille**[27] per averci aiutato ad **incastrare**[28] Don Carlo e Cristina! E un grazie speciale a Giuseppe per **aver risolto**[29] tutti i misteri!"

Giuseppe annuisce: "In realtà, **non ce l'avrei fatta**[30] senza il prezioso aiuto di Marco e, **soprattutto**[31], del giovane Alessandro."

Poi **si rivolge**[32] ad Alessandro, **facendo l'occhiolino**[33]. "Hai molto talento, ragazzo. Se **diventerai**[34] un investigatore, c'è sempre un **posto libero**[35] per te nella mia agenzia **investigativa**[36]."

Alessandro sorride ma **è incollato**[37] al suo cellulare. Il video della confessione di Don Carlo **è diventato**[38] virale. **Migliaia**[39] di persone **hanno visto, condiviso e commentato**[40] il video.

"Papà, mamma, **non ci crederete**[41]... grazie a questo video mi hanno offerto una **borsa di studio**[42] a Palermo per studiare giornalismo nei **prossimi**[43] due anni!" esclama Alessandro **entusiasta**[44].

Miriam sorride con **orgoglio**[45]. "**Te lo meriti**[46], tesoro. Sei stato incredibile."

Zio Mimmo **batte le mani**[47]. "E allora **è deciso**[48]! Per i prossimi due anni **vivrai**[49] qui con noi. Il castello sarà la tua casa!" dice, abbracciando Alessandro.

Nel frattempo, Margherita mangia il suo pane con marmellata in silenzio. "Tutto è finito, **vero**[50]?" chiede a sua madre.

Miriam **accarezza**[51] i capelli della figlia. "Sì, **amore**[52]. Nessun fantasma, nessun pericolo. Ora possiamo **rilassarci**[53]."

Marco annuisce e prende la mano di Miriam. "E possiamo finalmente **goderci**[54] la nostra vacanza in Sicilia."

Dopo colazione, la famiglia **passeggia**[55] nei vigneti sotto il **sole caldo**[56], ed ammira la **bellezza**[57] del **paesaggio**[58].

Alessandro **fotografa**[59] la **vista mozzafiato**[60] e sorride. "**Chissà quale sarà**[61] il prossimo mistero da risolvere."

Miriam ride. "Per ora, pensiamo solo a goderci il **viaggio**[62]."

Marco stringe la mano della moglie e **ascolta le risate**[63] dei figli. "**Questa sì che**[64] è stata una vera avventura!"

E così la famiglia parte finalmente per esplorare la **meravigliosa**[65] Sicilia, mentre gli zii **appendono**[66] il loro ritratto **dipinto**[67] da Miriam nel salone principale del castello.

Riassunto della storia

Il castello di Caccamo torna alla normalità dopo l'arresto di Don Carlo e Cristina. A colazione, la famiglia festeggia insieme a Linda e Giuseppe. Alessandro scopre che il suo video è virale e riceve una borsa di studio per studiare giornalismo a Palermo. Infine, la famiglia si gode la meritata vacanza in Sicilia ed è pronta per nuove avventure.

Summary of the story

The Castle of Caccamo returns to normal after the arrest of Don Carlo and Cristina. During breakfast, the family celebrates together with Linda and Giuseppe. Alessandro discovers that his video has gone viral and receives a scholarship to study journalism in Palermo. Finally, the family enjoys their well-deserved vacation in Sicily and is ready for new adventures.

Vocabulary

1   **è finalmente tornato alla normalità**   (it) has finally returned to normal
2   **inganni**   deceptions
3   **pericoli**   dangers
4   **è venuta a galla**   (it) has come to light

5 **sani e salvi** safe and sound

6 **arresto** arrest

7 **tavola** table

8 **imbandita** set

9 **fumante** steaming

10 **fatti in casa** homemade

11 **grembiule macchiato di farina** flour-stained apron

12 **soddisfatta** satisfied

13 **si festeggia** we celebrate

14 **cannoli** cannoli (Sicilian pastry tubes)

15 **accanto** next to

16 **timidamente** shyly

17 **avermi dato** having given me

18 **abbassando** lowering

19 **avrei fatto** I would have done

20 **rassicurante** reassuring

21 **ognuno merita** everyone deserves

22 **hai scelto** you chose

23 **cosa giusta** right thing

24 **alza** (he) raises

25 **tazza** cup

26 **brindisi** toast

27 **grazie mille** thank you very much

28 **incastrare** to incriminate/catch

29 **aver risolto** having solved

30 **non ce l'avrei fatta** I could't have made it

31 **soprattutto** especially

32 **si rivolge** (he) turns to

33 **facendo l'occhiolino** winking

34 **diventerai** you will become

35 **posto libero** open position

36 **investigativa** investigative

37 **è incollato** (he) is glued

38 **è diventato** (it) has become

39 **migliaia** thousands

40 **hanno visto, condiviso e commentato** they have seen, shared and commented

41 **non ci crederete** you won't believe it

42 **borsa di studio** scholarship

43 **prossimi** next

44 **entusiasta** enthusiastic

45 **orgoglio** pride

46 **te lo meriti** you deserve it

47 **batte le mani** (he) claps his hands

48 **è deciso** (it) is decided

49 **vivrai** you will live

50 **vero** right

51 **accarezza** (she) caresses

52 **amore** love

53 **rilassarci** (we can) relax

54 **goderci** (we can) enjoy

55 **passeggia** (the family) walks

56 **sole caldo** warm sun

57 **bellezza** beauty

58 **paesaggio** landscape

59 **fotografa** (he) photographs

60 **vista mozzafiato** breathtaking view

61 **chissà quale sarà** who knows what will be

62 **viaggio** journey

63 **ascolta le risate** (he) listens to the laughter

64 **questa sì che** this is really

65 **meravigliosa** wonderful

66 **appendono** they hang up

67 **dipinto** painted

Domande a risposta multipla

1) A chi dedica il brindisi zio Mimmo?

    a. A Don Carlo e Cristina.

    b. Alla polizia e a Giuseppe.

    c. Alla famiglia e a Giuseppe.

2) Grazie al video su Don Carlo, Alessandro ha ricevuto:

    a. Una borsa di studio per studiare giornalismo.

    b. Una borsa di pelle per i suoi studi universitari.

c. Un lavoro nell'agenzia investigativa di Giuseppe.

3) Dopo colazione la famiglia parte per:

    a. Il loro viaggio di ritorno verso Firenze.

    b. Il loro viaggio in Sicilia.

    c. Una nuova avventura investigativa.

Risposte

1) **C**

2) **A**

3) **B**

Conclusion

Congratulations!

Whether it is your first book in Italian or you have already read a few, you should be proud of your progress and your perseverance. Learning a foreign language is a very dynamic process and every step forward should be celebrated, no matter how small it might seem to you.

If this was your first book, well done on completing it!

If you used this book as a refresher before advancing to a more advanced level, it's equally outstanding how far you've come in your learning journey!

If you have enjoyed reading this book, I have a couple more "secrets" to share with you to help you make the most of the stories you've just read and some recommendations on additional material that you can use along with this book.

I hope to be able to entertain you again with more stories.

To next time!

Continue to learn

Learning a foreign language is such an adventure and reading is only one of the many ways you can advance your level.

I highly recommend my students to consume as much material in Italian language as they can and expose themselves to Italian language in all formats: newspapers articles, television programs, youtube videos, pen friends, travelling to Italy, and certainly, other books and audio books.

If you have enjoyed this book, there will be many other to follow so subscribe to my mailing list at subscribepage.com/rebeccaromano to get to know when my next collection of short stories will come out.

Stay tuned!

Share the benefits

If you believe you have benefitted from this book and want to encourage others to read these stories, please consider leaving a favourable review on Amazon or on the other websites from where you have purchased this book.

Sharing is caring!

If you are a teacher

From teacher to teacher, I know how hard it is to find good reading material to use during lessons.

This book is written specifically with beginner to intermediate level students in mind, and each story is structured so that it prepares the students for the next one, without overwhelming them with too much new vocabulary or complex grammar structures.

If you would like to use this book with your students, you can rely on easy-to-navigate stories, vocabulary and grammar including comprehension questions at the end of each episode to test your students.

I'd love to hear from you and know how you have used this book with your students.

Please contact me on Instagram at @languagemyths_italian

Use a notebook

Unless you are equipped with a wondrous memory, you won't be able to remember all the new words, colloquial expressions and constructs you will learn with this book.

My students know too well I encourage the use of notebooks where to write down all the new vocabulary learnt and to revise it constantly so to help them consolidate their learning.

For this reason, I have released a special notebook on Amazon, The Italian Language Learning Notebook, to help ensure your success in retaining and putting into use as many new words as possible.

This notebook includes alphabetically ordered sections where you can register the new vocabulary in both Italian and your own language, together with an example box and a note box where you can write your own sentences.

Acknowledgements

"To learn a language is to have one more window from which to look at the world."

— Chinese proverb

I first started writing *I Ritratti di Miriam* last year when I was pregnant. This has been one of the longest projects I've been working on, not because of its complexity but because of the changes I've been going through in my life.

Learning, growing, and stepping into the unknown has always been part of who I am. And becoming a mother has certainly been the biggest change I have ever embraced. I had to learn a new 'language', the one of a mother, with her uncertainties and emotion swings.

But change is good with the right mindset - it's meaningful, rewarding and empowering.

So I invite all language learners to challenge themselves, embrace uncertainty, and discover how powerful change and learning new things can be through my stories.

To all those who have believed in me and my stories—thank you. You've encouraged me to transform my ideas into words, and my words into bridges between cultures and people.

To my soulmate Larry, my source of inspiration. To my little dog Gigi, always curled up by my feet while I write. To my family and dearest friends—thank you for reminding me that no dream is too big when you have the right people cheering you on.

To my students and readers: your support, your curiosity, and your trust mean everything. You are the reason I keep creating.

And finally, a special thank you to my son, who just turned one. You've taught me more about growth, wonder, and starting fresh than anyone else ever could. This new chapter is for you.

Here's to change, to learning, and to the beautiful things that happen when we dare to start something new.